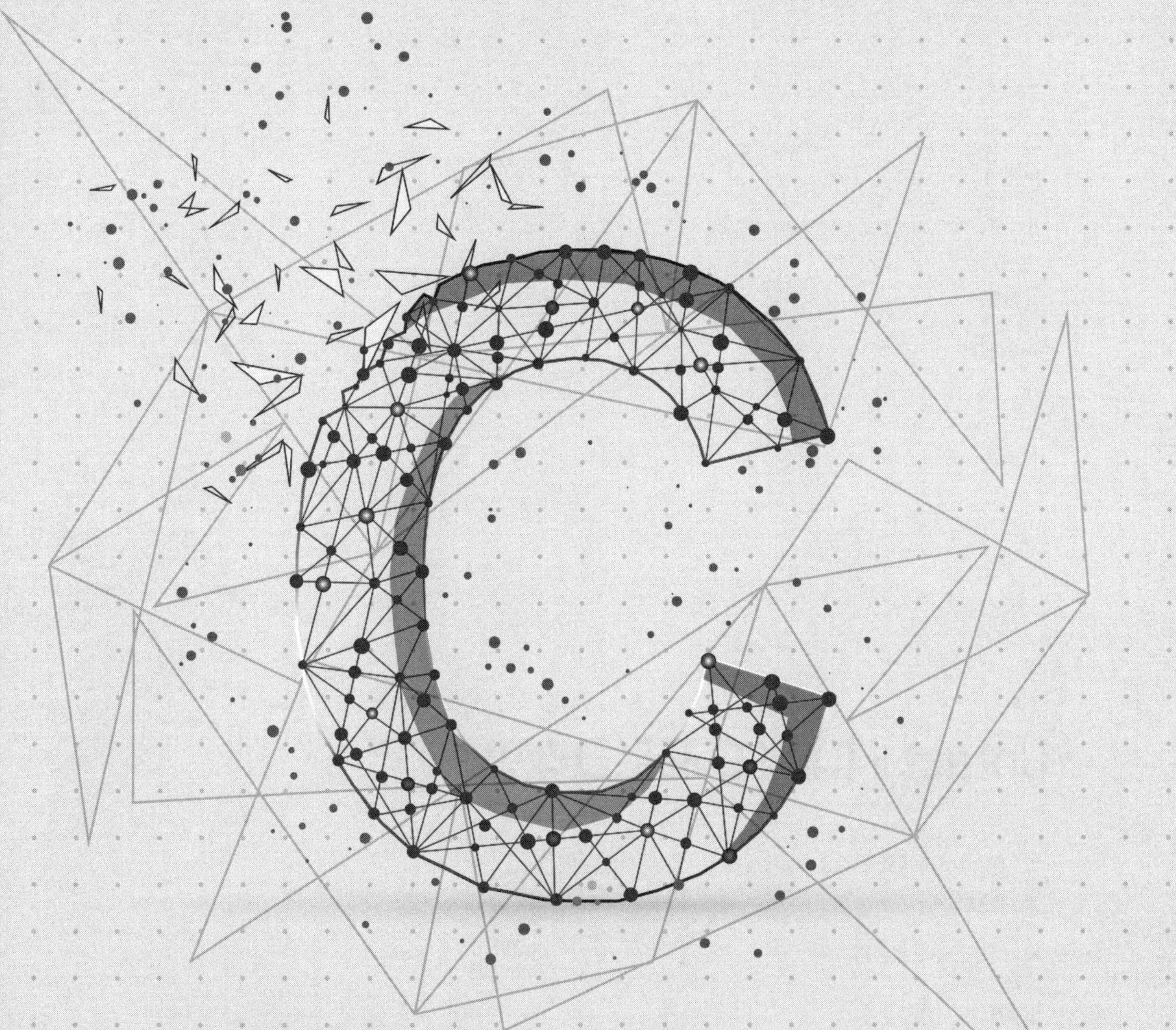

Untact 시대의 C 프로그래밍

김대극 · 양은샘 지음

도서출판 홍릉

김대극

한림성심대학교 정보통신네트워크과 교수

양은샘

한림대학교 소프트웨어융합대학 교수

Untact 시대의 C 프로그래밍

인 쇄: 2020년 8월 24일 초판 1쇄
발 행: 2020년 8월 28일 초판 1쇄

저자와의
협의하에
인지생략

저 자: 김대극, 양은샘
발행인: 송 준
발행처: 도서출판 홍릉
주 소: 01093 서울시 강북구 인수봉로 50길 10
등 록: 1976년 10월 21일 제5-66호

전 화: 02-999-2274~5
팩 스: 02-905-6729
e-mail: hongpub@hongpub.co.kr
http://www.hongpub.co.kr
ISBN: 979-11-5600-792-0(93000)

정 가: 19,000원

- 본 보고서/교재는 과학기술정보통신부 및 정보통신기획평가원에서 주관하여 진행한 결과물입니다. (과제번호:2018000216003100l)
- 본 보고서의 내용을 전개할 수 없으며, 인용할 때에는 반드시 과학기술정보통신부와 정보통신기획평가원의 '소프트웨어중심대학'의 결과물이라는 출처를 밝혀야 합니다.

머리말

COVID-19 이후 2020년의 삶은 여러 가지 면에서 변경될 수밖에 없었습니다. 그 중 가장 큰 변화는 초등학교부터 대학교까지의 거의 모든 수업이 온라인으로 변경되었고, 재택근무라는 단어 또한 낯설지 않게 되었습니다. 이로 인해 지구상의 모든 인류는 언택트(Untact)라는 새로운 단어 속에서 학습하게 되었습니다.

변화된 학습 환경에서, 중심 단어인 언택트(Untact)를 가능하게 하는 것은 IT 기술이고, IT 기술의 핵심은 프로그래밍입니다. 그리고 프로그래밍의 시작에는 C언어가 있습니다. 이러한 상황을 고려하여, 이 책은 "컨택트(Contact) 하고자 하는 대상과 소통에 대한 실마리를 제공한다."는 관점에서 C 프로그래밍 언어를 소개하고 단계적인 학습 방법을 제시합니다. 따라서 대학이나 사회 맞춤형 교육현장에서 C 프로그램의 강의자 또는 수강자 분들의 학습 콘텐츠(Contents)로 활용될 수 있습니다.

프로그래밍이라는 것은 실제 일어 날 수 있는 일을 자동화하는 과정이고, 이 과정에는 정답이 하나만 존재하지 않습니다. 개념과 원리를 정확히 안다면 그것을 토대로 문제의 해법에 다양하게 접근할 수 있습니다. 이러한 점을 고려하여, 이 책에서는 같은 결론을 도출하는 서로 다른 예를 보여 드리려고 노력했습니다.

이 책이 단순히 C 프로그래밍 언어를 학습하기 위한 교과서의 역할을 하기 보다는 논리적 사고의 폭을 넓힐 수 있는 도구로 사용되기를 바랍니다. C 프로그래밍 언어가 IT 기술의 창의적으로 사고를 개발하는 도구가 되어 언택트(Untact)와 컨택트(Contact) 사이의 매개 역할을 훌륭히 해 내기를 바랍니다.

2020년 8월

저자 김대극, 양은샘

차 례

제1장

C 언어 시작하기

Chapter 01

C 언어 시작하기

1.1 C 언어의 역사 및 특징

C 언어는 1970년대 초, UNIX에서의 새로운 운영체제를 설계하던 중 벨연구소(AT & T Bell Laboratories)의 데니스 리치(Dennis Ritchie)에 의해 개발되었습니다. 벨연구소에서 개발된 초기의 UNIX 운영체제는 어셈블리 언어로 개발되었기 때문에 이식성 및 호환성 등에서 많은 단점을 가지고 있었습니다. 따라서 컴퓨터의 기종에 관계없이 하드웨어를 효율적으로 제어할 수 있는 시스템 프로그램 언어로서의 기능을 위해 C 언어가 개발되었습니다.

C 언어의 발전과정은 [표 1.1]과 같습니다. C 언어가 개발된 후 빠르게 보급되면서 프로그램의 호환성에 문제가 생기기 시작했습니다. 이에 따라 1989년 미국표준협회(ANSI: American National Standard Institute)에서 ANSI C 표준안을 발표하게 되었습니다. 이후 1990년에 ANSI가 C언어 표준을 국제 표준화 기구(ISO)에 넘겼고, 현재 시점에서 C의 최신 표준은 ISO의 C18 입니다.

[표 1.1] C 언어의 발전과정

언어	개발 년도	개 발 자
ALGOL	1960	국제위원회
CPL	1963	켐브리지 및 런던대학(영국)
BCPL	1967	Martin Richard(켐브리지 대학)
B	1970	Ken Thompson(Bell 연구소)
C	1972	Dennis Ritchie(Bell 연구소)

C 언어는 시스템 프로그램을 개발하는 프로그래밍 언어로 적합할 뿐 만 아니라 일반적인 문제를 처리할 수 있는 사용자 프로그래밍 언어의 기능을 모두 갖추고 있습니다. 또한 함수들의 집합으로 구성된 언어이기 때문에 모듈 설계가 가능하여 구조적인 프로그램을 작성하는데 효율적입니다. C 언어는 포인터를 사용하여 주소에 대한 처리가 가능하며, 프로그램 코드에서 대/소문자를 구별해 사용합니다.

1.2 C 언어의 기초

"Hello C world!!"을 화면에 출력하는 [예제 1.1] 프로그램을 통해 C 언어의 기본구조 및 구성요소에 대해 살펴보겠습니다.

[예제 1.1] Hello C world!!

```
#include <stdio.h> //선행처리기 정의, library
#define  PI  3.14 //매크로 선언

int main(void)       //main() 함수의 시작
{
     printf("Hello");            //명령문, 출력함수1
     printf("C world!! ₩n"); //명령문, 출력함수2
     printf("PI = %f ₩n", PI); //명령문, 출력함수3

     return 0; //main() 함수를 호출한 운영체제로 오류 없음을 보고하고 복귀한다.
} //함수의 종료
```

가. 라이브러리(Library)

라이브러리는 프로그램 작성과정에서 자주 나오는 기능이나 복잡한 프로그램을 C 컴파일러 제조업체나 사용자가 함수(모듈)화 하여 미리 작성해 놓은 일종의 프로그램 집합을 의미합니다. 라이브러리는 "누가 작성했는가?"에 따라 표준 라이브러리(Standard Library)와 사용자 정의 라이브러리로 분류됩니다. 표준 라이브러리는 컴파일러 제조업체나 표준화 단체에서 작성된 것으로, 헤더파일에는 각 함수들을 기능에 따라 분류하여 함수의 이름, 전달 인자, 반환 값 형태들이 정의되어 있습니다. 표준 라이브러리에 관련된 헤더 파일은 〈 〉를 사용하여, 사용자의 필요에 의해 만든 사용자 라이브러리는 " "를 사용하여 프로그램에 포함시킵니다.

나. 선행처리기(Preprocessor)

"#include 〈stdio.h〉"와 같이 #이 붙은 문장을 선행처리기라 합니다. 선행처리기는 매크로 기능, 파일 포함 기능, 선택적 컴파일 기능 등 C 프로그램에서 필요한 여러 가지 일을 수행합니다. [예제 1.1]에서 사용된 #include 선행처리기는 지정된 파일을 프로그램 내에 포함시키라는 지시어로서, 헤더 파일 stdio.h에 정의된 라

이브러리들을 프로그램 내에 포함시키라는 의미입니다. stdio.h는 표준 라이브러리에서 입출력에 관계된 함수 원형들을 정의해 놓은 파일입니다. 이 문장으로 함수들을 직접 구현할 필요 없이 라이브러리에서 호출해 사용할 수 있게 됩니다.

다. main() 함수와 return

main()은 C 프로그램 시작점을 알리는 특수한 함수로 모든 C 프로젝트는 반드시 하나의 main() 함수를 가지고 있습니다. C 프로그램의 동작은 main()부터 순차적으로 실행하여 main() 함수의 마지막까지 실행하고 종료합니다.

main() 함수 앞에 붙은 int는 main() 함수가 끝나고 이 함수를 호출한 운영체제로 복귀할 때 정수를 반환한다는 의미입니다. 마지막에 있는 "return 0;" 문장은 운영체제로 복귀할 때 오류 없음인 정수 0을 반환하고 main() 함수를 종료한다는 의미입니다. [예제 1.1]의 "main(void)"처럼 함수 괄호 내부에 있는 void는 메인함수가 시작할 때 외부로부터 받은 매개변수가 없음을 의미 합니다. 이 void는 생략이 가능하기 때문에 main()으로 사용해도 됩니다. 만약 외부로부터 어떤 입력이 필요하게 되면 int main(int argc, char *argv[])로 씁니다. 이 부분에 대해서는 7장 함수 부분에서 자세히 설명합니다.

C에서 사용되는 모든 함수는 반환값의 자료형과 여러 개의 매개변수를 가질 수 있고, 이렇게 표현된 부분을 함수의 헤더라고 부릅니다.

함수의 헤더 형식

반환값의_자료형 함수이름(매개변수1, 매개변수2, ...) { ... }

함수의 헤더와 반환 값 예

```
void anyfunction(void) { ... return; }
int main(void) { ... return 0; }
int main(int argc, char *argv[]) { ... return 0; }
```

C 프로그램은 여러 개의 함수들로 구성되는데 main( ), printf( ) 등과 같이 사용된 괄호(( ))는 함수를 의미합니다. 프로그램 코드에서 대괄호({ })로 쌓여진 부분은 함수의 시작과 끝의 유효 범위 표현뿐만 아니라 여러 명령문들을 하나의 단위로 그룹화 하여 처리할 때도 사용됩니다.

라. 명령문(Statement)

명령문은 함수 내부에서 원하는 작업을 수행하도록 작성된 문장들을 의미합니다. 주의할 점은 각각의 모든 명령문은 세미콜론(;)으로 끝나야 합니다. [예제 1.1]에 포함되어 있는 printf("Hello"); 문장은 큰따옴표 안에 있는 문장을 모니터 화면으로 출력하라는 명령문입니다. 이 명령문이 실행되면 Hello가 모니터로 출력됩니다.

마. 설명문(Comment)

설명문은 프로그램의 내용을 설명하기 위해 또는 이해를 돕기 위해 사용하는 문장으로 프로그램의 동작에 전혀 영향을 주지 않는 문장입니다. C 프로그램에서 설명문의 작성방법은 두 가지가 있습니다. 한 줄 설명은 슬래시 두 개(//)를 연속으로 사용합니다. 한 줄 이상의 설명문은 설명의 시작(/*) 과 설명의 끝(*/)을 의미하는 기호를 사용하여 두 기호 사이에 내용을 넣으면 됩니다.

1.3 C 프로그램의 작성과 실행

C 프로그램의 작성과 실행과정은 [그림 1.1]과 같습니다. 사용자는 원하는 작업을 수행할 수 있는 프로그램 코드만 작성하면 됩니다. 나머지 과정은 컴파일러가 알아서 처리 해 줍니다.

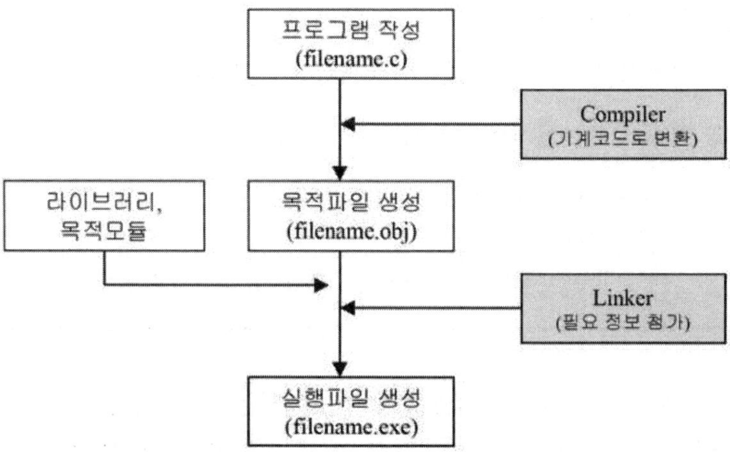

[그림 1.1] C 프로그램의 작성 및 실행 과정

컴파일러(Compiler)는 사용자 프로그램을 기계어로 바꾸어 주는 역할뿐만 아니라, C 언어의 문법에 어긋난 구문 오류(Syntax Error)를 찾아내는 역할을 합니다. 만약, 오류가 발생했다면 오류를 수정해야 목적 파일(Object File)을 생성할 수 있습니다. 오류를 수정하는 과정을 디버깅(Debugging)이라고 합니다. 컴파일러(Compiler)는 컴파일 과정에서 구문 오류가 없으면 기계어 코드인 목적 파일(Object File)을 생성 한 후 추가 정보 코드들을 이용하여 확장자가 .exe로 끝나는 실행파일을 생성합니다.

1.4 Visual Studio Code 개발환경 설치

C 프로그램의 개발은 Visual Studio Code를 사용해서 작업하려고 합니다. Visual Studio Code는 Visual Studio 보다 가볍고, 윈도우 리눅스 맥 모두에서 사용할 수 있으며, gcc(GNU Compiler Collection) 컴파일러를 사용하는 등 여러 가지 장점이 있습니다. 다음의 설치 방법을 차근차근 따라가시면 개발 환경을 완성하실 수 있습니다.

첫 번째로 윈도우 환경에서 gcc 컴파일러를 사용할 수 있도록 해주는 유틸리티인 MinGW(Minimalist GNU for Windows)를 설치합니다.

MinGW 다운로드

- 다운로드 주소 : http://www.mingw.org

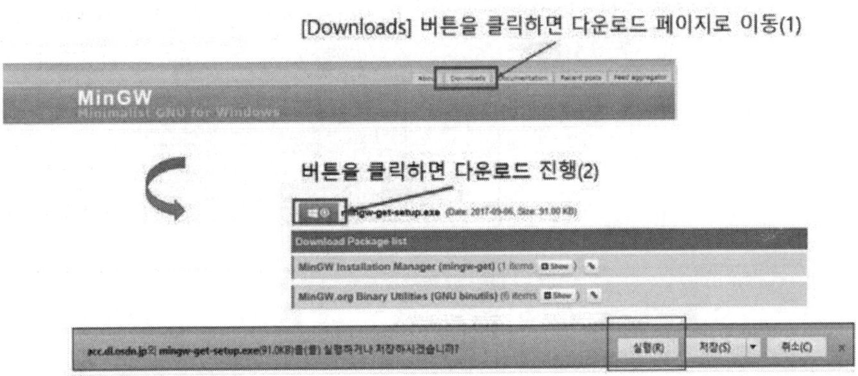

위 그림의 [실행] 버튼을 클릭하면 MinGW 설치가 진행됩니다. 아래 그림의 [Install] 버튼과 [Continue] 버튼을 차례로 클릭합니다.

MinGW 설치 (1)

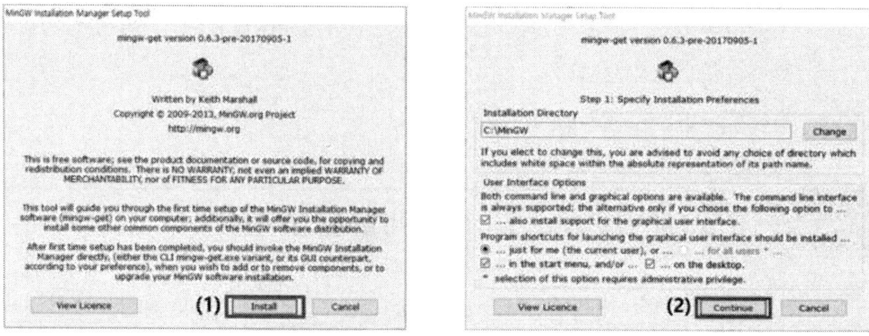

아래 그림의 [Continue] 버튼을 클릭한 후 'mingw32-base-bin'과 'mingw32-gcc-g++-bin' 패키지의 체크 박스를 선택한 후 'Make for Installation'을 차례로 클릭합니다.

MinGW 설치 (2)

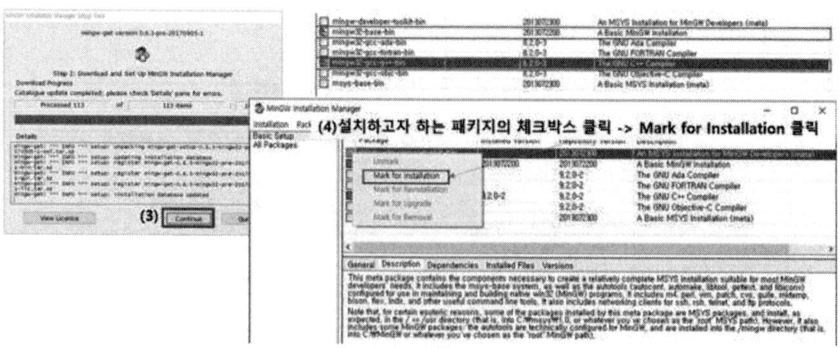

[Installation] 탭의 [Apply Change]를 선택한 후 [Apply] 버튼을 클릭하면 설치 완료 후의 페이지를 확인 하실 수 있습니다.

MinGW 설치 (3)

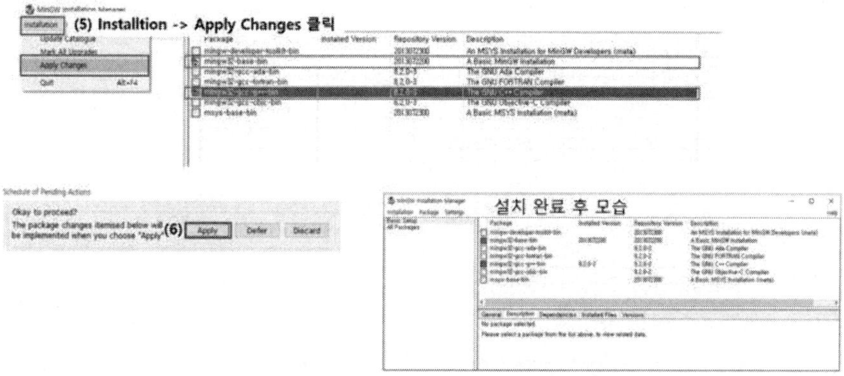

설치가 완료되었으면 아래의 방법으로 자신의 컴퓨터에 설치된 MinGW의 bin 폴더까지의 경로를 환경 변수 Path에 설정합니다.

경로 설정

- MinGW가 설치된 bin 폴더를 경로에 추가
  : [제어판] -> [시스템] -> [고급 시스템 설정] -> [고급] 탭 클릭
  : (또는) [내PC] -> [마우스오른쪽버튼] -> [고급 시스템 설정] -> [고급] 탭 클릭
- MinGW의 bin 폴더까지의 경로를 환경 변수 Path에 설정

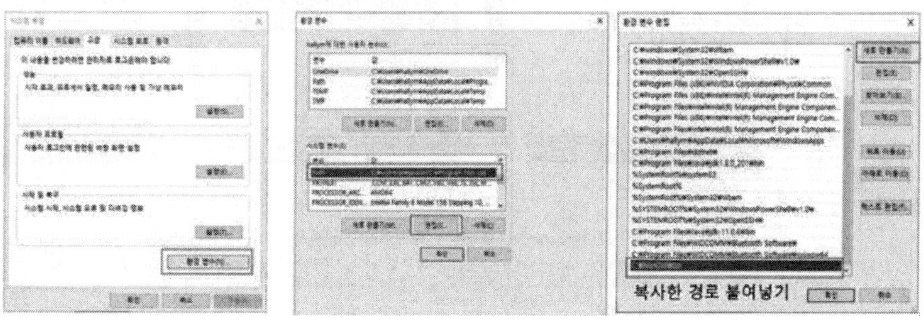

아래의 방법으로 명령 프롬프트 창에서 경로 설정을 확인합니다.

MinGW 설치 확인

- 경로 설정 후 명령 프롬프트 창에서 다음과 같은 명령어 입력
  : gcc --version

```
명령 프롬프트
Microsoft Windows [Version 10.0.19041.388]
(c) 2020 Microsoft Corporation. All rights reserved.

C:\Users\hallym>gcc --version
gcc (MinGW.org GCC Build-2) 9.2.0
Copyright (C) 2019 Free Software Foundation, Inc.
This is free software; see the source for copying conditions.  There is NO
warranty; not even for MERCHANTABILITY or FITNESS FOR A PARTICULAR PURPOSE.


C:\Users\hallym>
```

MinGW 설치가 끝났습니다. 이제 Visual Studio Code를 설치하겠습니다. 아래의 다운로드 주소에서 Visual Studio Code 다운로드와 실행을 클릭합니다.

Visual Studio Code 다운로드

- 다운로드 주소 : https://visualstudio.microsoft.com/ko/

아래의 방법으로 Visual Studio Code를 설치합니다.

Visual Studio Code 설치 (1)

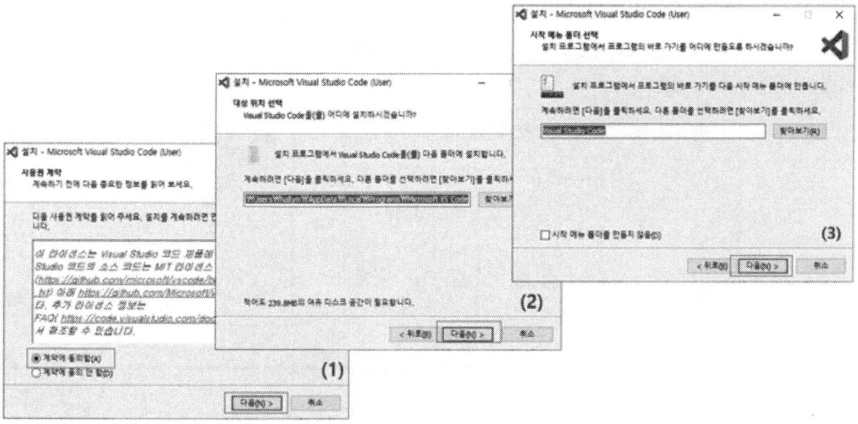

설치를 계속 합니다.

Visual Studio Code 설치 (2)

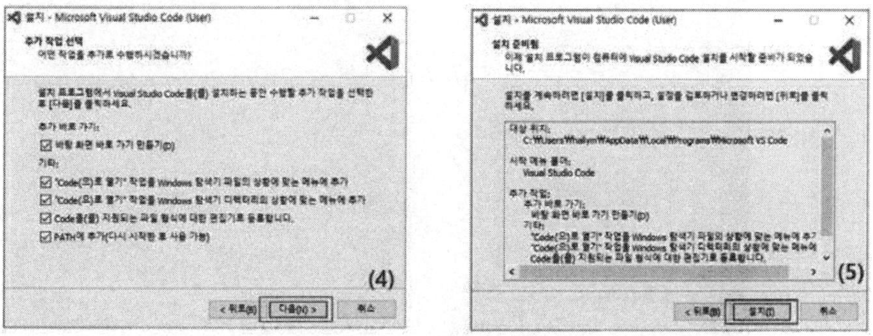

설치를 계속 합니다.

Visual Studio Code 설치 (3)

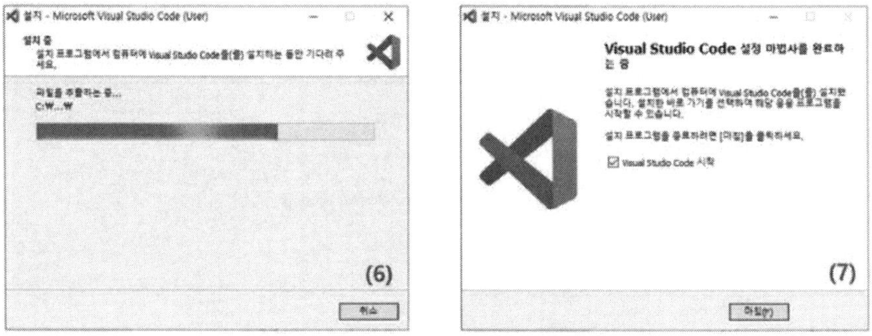

아래의 방법으로 Visual Studio Code를 설치를 마치면 시작 화면이 보입니다. Visual Studio Code 개발환경을 설치합니다.

Visual Studio Code 시작 화면

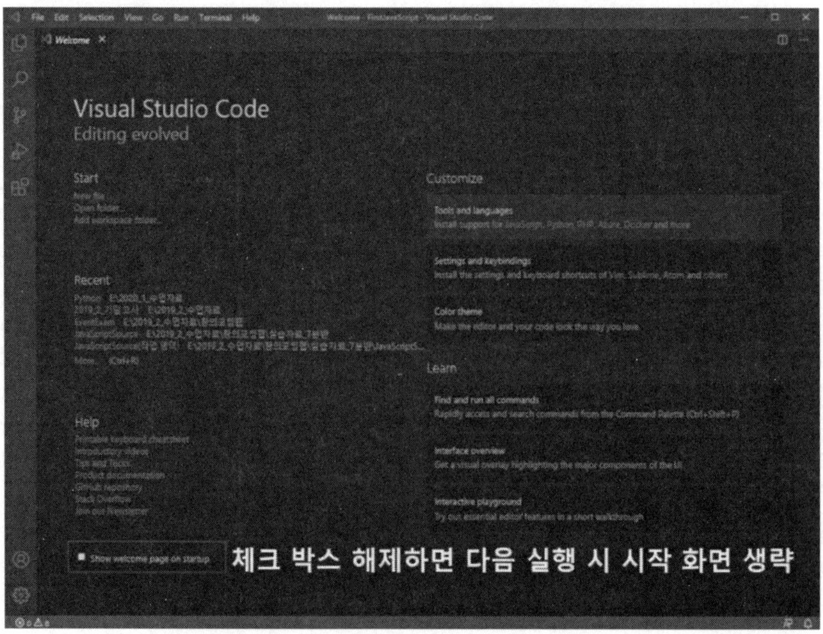

Visual Studio Code 시작 화면의 왼쪽에 여러 개의 네모 그림이 [Extention] 버튼입니다. 이 버튼을 클릭하여 필요한 개발 환경을 설치합니다.

Visual Studio Code [Extention] 설치

- C/C++ 설치 : 초록색의 Install 버튼 클릭
- Code Runner extensions 설치 : 초록색의 Install 버튼 클릭
- 한국어 팩 설치 가능
- 확장 기능 검색 창에서 설치하고자 하는 extensions 입력 후 설치

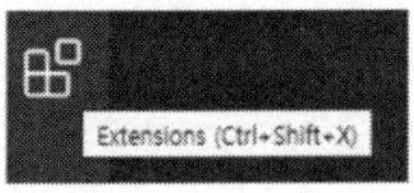

Code Runner 설치(install) 후 프로그램 실행 위치를 설정 합니다.

Visual Studio Code 설정

- Code Runner 설치(install) 후 프로그램 실행 위치 설정

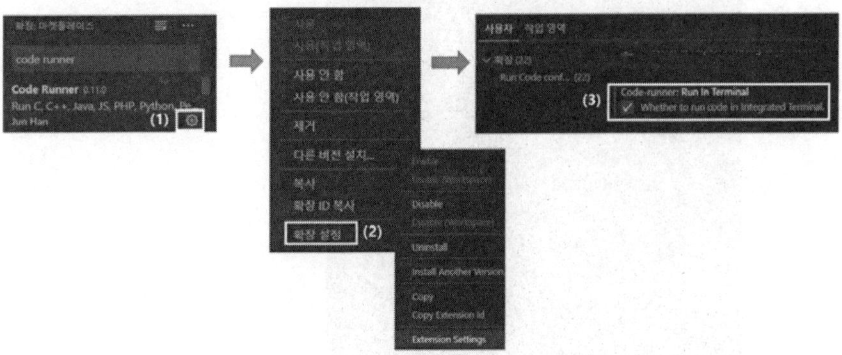

사용자 프로그램 코드의 가독성을 높이기 위해 Bracket Pair Colorizer를 설치합니다.

Bracket Pair Colorizer 설치

- 영역별로 괄호 색상 설정 - 사용자 프로그램 코드의 가독성을 좋게 함

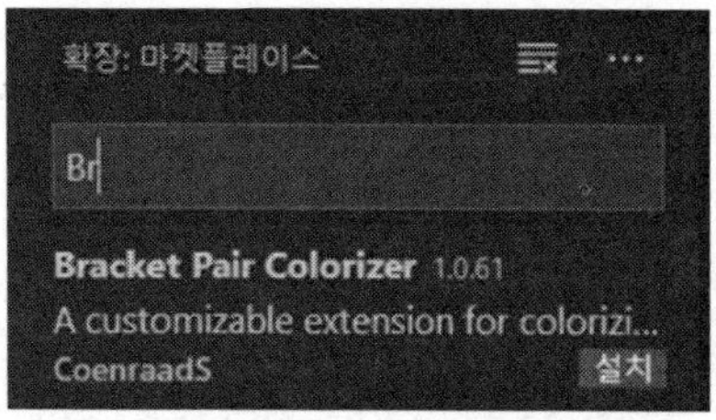

설치가 완료되었으면 확장(extensions) 탭에 다음과 같은 프로그램이 설치되어 있음을 확인 하실 수 있습니다.

확장(extensions) 탭에서 설치 확인

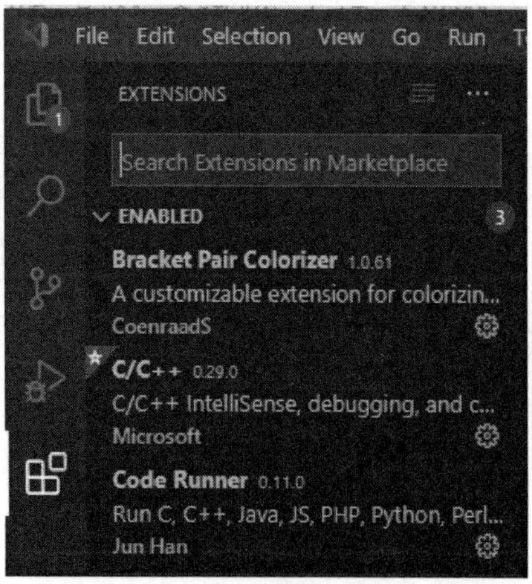

Visual Studio Code 설치가 완료되었으니 작업 폴더를 만듭니다.

Visual Studio Code 작업 폴더 설정

- 탐색기( ) 버튼 클릭
  : [폴더 열기] 버튼 클릭
  : [파일] -> [폴더 열기] 메뉴 선택
- 프로그램 작성하기
  : 단축키 [Ctrl + N] -> Untitled-1 이름으로 새 문서 생성
  : 새 파일 버튼( ) 클릭 - 입력한 파일명으로 새 문서 생성

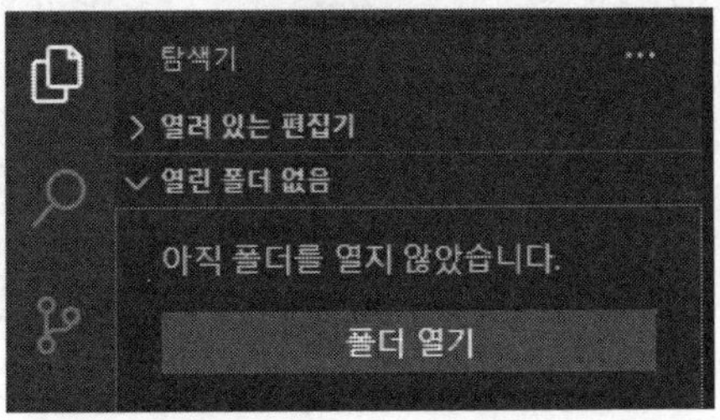

ctest.c 파일을 만들어 저장(Ctrl + s)한 후 컴파일(오른쪽 위 세모 버튼) 해 결과가 나오면, C 프로그램 개발을 위한 Visual Studio Code의 설치가 완료된 것입니다.

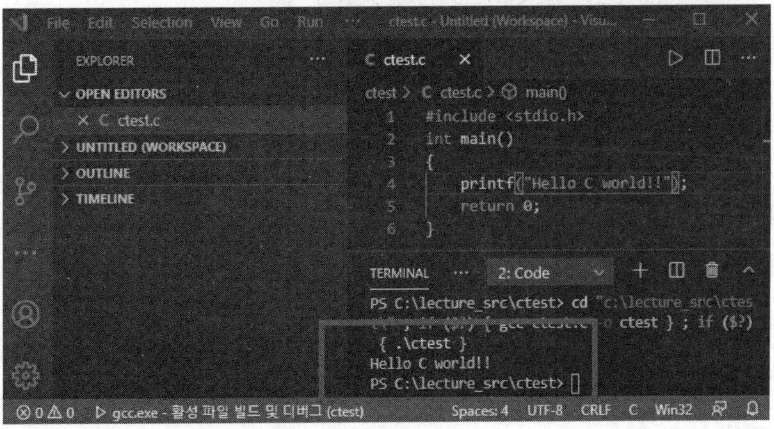

마지막으로 화면 배경 색상을 변경해 보겠습니다. 왼쪽 아래에 톱니바퀴를 클릭하고 [Color Theme]을 선택하면 색상을 선택할 수 있는 여러 가지 항목이 나옵니다.

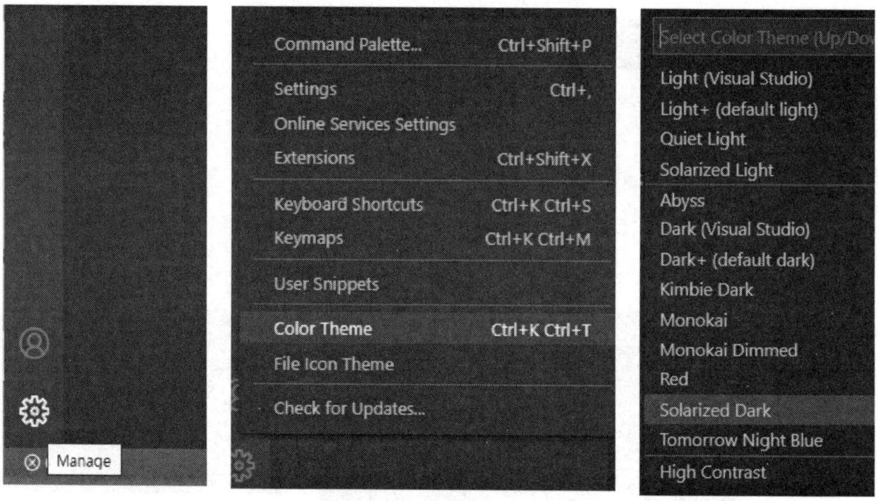

이것저것 적용해 보시고 마음에 드는 화면 색상을 선택하시면 됩니다.

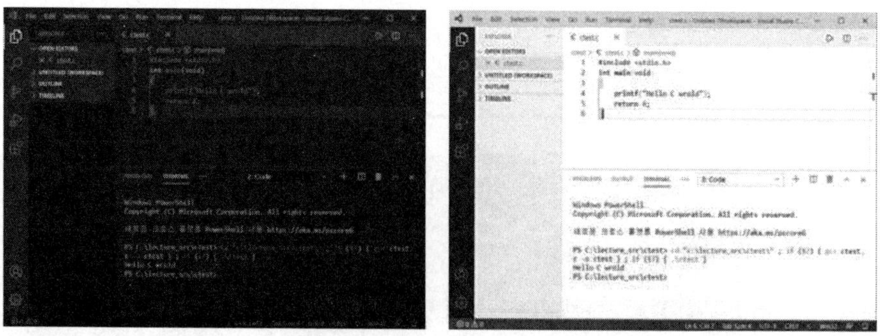

글씨 크기를 변경하고 싶으시면 [Ctrl + +], [Ctrl + -] 버튼으로 조절하실 수 있습니다. 아래의 [EUC-KR] 부분이 [UTF-8]로 설정되어 있을 경우 한글이 깨져서 나타날 수 있습니다. [EUC-KR] 또는 [UTF-8] 부분을 클릭하셔서 설정을 바꾸시면 됩니다.

프로그램 개발을 위한 환경설정이 모두 끝났습니다.

제1장 ▸▸▸ 개념 확인 학습

01 선행처리기란 무엇을 의미하는 것인가요?

02 표준 라이브러리와 사용자 정의 라이브러리란 어떻게 다른가요?

03 배운 내용 중 표준 라이브러리 함수에는 어떤 종류가 있었나요?

04 int main(void)의 의미는 무엇인가요?

05 설명문(comment)의 역할은 무엇이며 어떻게 만드나요?

06 컴파일이란 무엇인가요?

07 C 프로그램의 실행파일 생성과정을 설명하세요.

제1장 ▸▸▸ 적용 확인 학습

01 아래의 프로그램에는 오류가 포함되어 있습니다. 실행 가능하도록 수정하세요.

```
#include <stdio>
main()
   printf("WELCOME TO₩n")
   printf("KOREA₩n");     화면출력 */
}
```

02 화면에 자신의 학번을 출력하는 명령문을 작성하세요.

제1장 ▸▸▸ 응용 프로그래밍

01 자신의 컴퓨터에 개발 환경을 설치한 후 학과 학번 이름을 출력하는 프로그램을 작성하고 결과를 확인하세요.

제2장

자료형과 입출력

Chapter 02

자료형과 입출력

C 프로그램에서는 어떠한 형태로든 주어진 자료들을 이용해 원하는 결과를 얻는 작업을 하게 됩니다. 그렇기 때문에 C 프로그램에서 사용하는 자료의 형태에는 어떤 것들이 있는지, 처리는 어떻게 하는지에 대해 알아 둘 필요가 있습니다.

2.1 자료형

C 언어에서 제공하는 자료형은 기본형, 열거형, 집합형, 유도된 자료형, 포인터형 등으로 분류할 수 있습니다. 각 자료형에 대한 표현 방법 및 데이터 표현 범위를 [표 2.1]에 나타냈습니다. 단, [표 2.1]에서 제시하고 있는 데이터의 표현 범위는 각 시스템마다 다를 수 있으므로 반드시 "sizeof(자료형)"의 결과를 확인 하신 후 사용하시기 바랍니다.

[표 2.1] C 언어에서 제공하는 자료형

구 분	의미	표현 방법	메모리 크기 / 데이터 표현 범위
기본형	문자형	char	1byte = sizeof(char) / $-2^7 \sim 2^7-1$
		unsigned char	1byte = sizeof(unsigned char) / $0 \sim 2^8$
	정수형	short	2bytes = sizeof(short) / $-2^{15} \sim 2^{15}-1$
		int	4bytes = sizeof(int) / $-2^{31} \sim 2^{31}-1$
		long	4bytes = sizeof(long) / $-2^{31} \sim 2^{31}-1$
		unsigned short	2bytes = sizeof(unsigned short) / $0 \sim 2^{16}-1$
		unsigned int	4bytes = sizeof(unsigned int) / $0 \sim 2^{32}-1$
		unsigned long	4bytes = sizeof(unsigned long) / $0 \sim 2^{32}-1$
	실수형	float	4bytes = sizeof(float)
		double	8bytes = sizeof(double)
		long double	8bytes = sizeof(long double)
		소수점 이하 몇 자리를 사용하느냐에 따라 표현 범위가 다름.	
	형이 없음	void	

구 분	의미	표현 방법	메모리 크기 / 데이터 표현 범위
열거형		enum	내부적으로 정수형
집합형	배열	[ ]	
유도된 자료형	구조체	struct	
	공용체	union	
포인터형	포인터	*	

[표 2.1]에 제시된 "데이터 표현 범위"에 대한 이해를 위해 문자형(char)의 경우를 예로 들어 설명하겠습니다. 문자형은 한 개의 문자를 저장하기 위해 1byte(8bits)의 기억장소를 할당 받습니다. 따라서 문자형으로 선언된 데이터는 256(2^8)개의 정보를 표현할 수 있습니다.

문자형은 최상위 비트(MSB; Most Significant Bit)를 부호 비트(Sign bit)로 사용하느냐의 여부에 따라 char과 unsigned char로 구분되는데, 이것이 데이터 범위를 결정하는 요소로 작용하게 됩니다. 일반적으로 맨 앞의 최상위 비트(MSB)는 부호 비트(Sign bit)로 사용되는데, 양수인 경우에는 0, 음수인 경우에는 1로 저장됩니다. 1byte 크기의 저장 공간을 할당 받고, 최상위 비트(MSB)를 부호로 사용할 경우, 부호 비트를 포함한 나머지 일곱 개의 비트는 크기로 사용합니다. 따라서 부호비트가 사용되는 경우에는 -128(-2^7)부터 127(2^7-1)까지의 데이터를 표현 할 수 있게 됩니다. 그러므로 부호 비트를 사용하는 문자형 char 변수에 -128보다 작거나 127보다 큰 수를 저장하면 기대하지 않은 결과를 얻게 됩니다.

음수가 필요하지 않다면 unsigned 키워드를 사용하여 0 ~ 255(2^8-1)까지의 데이터를 표현할 수 있습니다. 부호 비트를 사용하지 않음으로서 부호 비트 자리에 정보를 저장할 수 있기 때문에 양수의 표현 범위가 늘어난 것입니다. 따라서 음수 부분이 불필요한 경우 unsigned를 사용하면 더 많은 양수를 저장할 수 있습니다.

수의 범위가 어떻게 이렇게 표현될 수 있는지 이진수로 풀어 아래에서 설명합니다.

char의 데이터 표현 범위

b7	b6	b5	b4	b3	b2	b1	b0
부호 및 크기 (1bit)	크기 (7bits)						

- $1000\ 0000_{(2)} = -2^7 = -128$
- $1000\ 0001_{(2)} = -2^7 + 2^0 = -128 + 1 = -127$
- $1111\ 1111_{(2)} = -2^7 + 2^6 + 2^5 + 2^4 + 2^3 + 2^2 + 2^1 + 2^0 = -1$
- $0000\ 0000_{(2)} = 0$
- $0111\ 1111_{(2)} = +2^6 + 2^5 + 2^4 + 2^3 + 2^2 + 2^1 + 2^0 = 127$

unsigned char의 데이터 표현 범위

b7	b6	b5	b4	b3	b2	b1	b0
크기 (8bits)							

- $0000\ 0000_{(2)} = 0$
- $1111\ 1111_{(2)} = +2^7 + 2^6 + 2^5 + 2^4 + 2^3 + 2^2 + 2^1 + 2^0 = 255$

정수형의 경우에도 저장 공간의 크기만 커질 뿐 적용 방식은 문자형의 경우와 같습니다.

int의 데이터 표현 범위

b31	b30	b29	...	b1	b0
부호 및 크기 (1bit)	크기 (31bits)				

unsigned int의 데이터 표현 범위

b31	b30	b29	...	b1	b0
크기 (32bits)					

실수형의 경우에는 유효 자릿수를 소수점 이하 몇 자리로 표현하느냐에 따라 데이터의 표현 범위가 달라집니다. 실수형으로 선언된 변수는 각 비트들이 부호 비트, 지수부(정수부), 가수부(소수부)로 나누어집니다. 소수점은 별도로 표현하지 않으며 지수부와 가수부의 사이에 있는 것으로 간주합니다. 실수형의 지수부는 바이어스(Bias)를 이용하여 양의 지수와 음의 지수를 표현합니다. 다음은 실수형의 내부 표현 예를 나타낸 것입니다.

실수(float)형 데이터형의 구조

b31	b30	...	b23	b22	b21	...	b1	b0
부호 및 크기 (1bit)	지수부 표현 (8bits)			가수부 표현 (23bits)				

2.2 변수(variable)

변수는 데이터를 저장할 수 있는 공간을 의미합니다. 변수가 선언되면 컴퓨터는 내부적으로 일정 크기의 기억장소(메모리)를 할당하게 되는데, 이때 각각의 변수들이 할당 받은 메모리의 크기는 위 [표 2.1]에서 보인 바와 같이 자료형에 따라 다릅니다. 그러므로 변수를 선언할 때에는 저장될 데이터의 범위 따라 적절하게 자료형을 결정해야 합니다.

C 프로그램에서 사용되는 변수는 자료형과 함께 선언해야 합니다. 자료형이 동일한 두 개 이상의 변수를 선언할 때에는 쉼표(,)로 구분하여 동시에 선언할 수도 있습니다. 또한 변수의 선언과 초기화는 같은 문장에서 이루어 질 수도 있습니다. C 언어에서 변수 이름을 정하는데 있어서 지켜야 할 규칙은 다음과 같습니다.

변수 이름 규칙

- 변수 이름은 알파벳 문자, 숫자 그리고 언더스코어 문자('_')로 이루어진다.
- 변수 이름은 반드시 영문자나 언더스코어 문자('_')로 시작되어야 한다.
- 대소문자는 서로 다른 이름으로 취급되므로 구별해야 한다.

- C에서 사용되는 키워드(Keyword)는 변수 이름으로 사용할 수 없다.
- 변수 이름을 정할 때는 위의 규칙에 따라 정하되, 변수가 사용되는 목적을 알 수 있는 단어로 선택하는 것이 바람직하다.

키워드(Keyword)는 그 의미와 용도가 미리 정의되어 있는 단어로, 정의된 용도로 사용하지 않거나 변수로 사용할 경우 오류가 발생합니다. 키워드로는 다음과 같은 것들이 있습니다.

C에서 사용되는 키워드(Keyword)

- 제어문 관련 : for, do, while, if, else, switch, case, default, break, continue, goto, return.
- 데이터형 관련 : char, short, int, float, double, long, unsigned, void, struct, union, enum, typedef.
- 기억장소관련 : auto, extern, register, static.
- 기타 : sizeof( ) 등 함수명들.

자료형을 갖는 변수의 선언 예는 다음과 같습니다.

변수 선언의 예

```
char c, ch;             //변수 c, ch를 문자형으로 선언
unsigned char _ch;      //변수 _ch를 양의 부호 문자형으로 선언
int m_m;                //변수 m_m를 정수형으로 선언
float f_data;           //변수 f_data를 4btyes 실수형으로 선언
double x, y, z;         //변수 x, y, z를 8btyes 실수형으로 선언
```

잘못된 변수 선언의 예

```
int 2number;
float f&data;
char case;
```

변수는 선언 위치에 따라 함수 외부에 선언되면 전역(Global) 변수, 함수 내부에 선언되면 지역(Local) 변수로 나뉩니다. 전역 변수는 프로그램이 시작 될 때 생성 되었다가 프로그램이 끝날 때 소멸하며, 전체 프로그램 내에 포함되어 있는 함수들이 공통적으로 사용하는 변수입니다. 지역 변수는 각각의 함수가 처음 실행될 때 생성되었다가 함수가 끝나면 소멸됩니다. 그러므로 지역 변수는 함수 호출시 마다 새롭게 초기화 됩니다.

2.3 상수(constant)

상수란 그 값이 한번 정의되면 프로그램이 실행되는 도중에 변화되지 않고 일정한 값을 유지하는 데이터를 의미합니다. 상수로는 숫자도 문자도 사용될 수 있습니다. 숫자 상수는 정수형 상수와 부동 소수점 상수로 구분되며, 문자형 상수는 문자와 문자열 상수로 구분됩니다. 또한, 일반적인 상수 외에 특정 이름이나 기호로 표현되는 기호(Symbolic) 상수도 있습니다.

특별히 변수나 상수에 문자를 저장할 때에는 인용부호 작은따옴표(‘ ’)로 묶고, 문자열로 저장할 때에는 인용부호 큰따옴표(“ ”)로 묶어 사용합니다. 문자열 끝에는 널(NULL) 문자인 ‘₩0’(키보드에 따라 역슬래시의 모양이 상이 할 수 있음)가 자동으로 추가되어 문자열이 끝나는 지점을 나타내는 역할을 합니다. 한 개의 문자는 1byte로 처리되기 때문에 문자 상수 ‘A’인 경우에는 기억장소 1byte가 필요 하지만 문자열 상수 “A”는 널(NULL) 문자인 ‘₩0’를 포함해 2bytes가 필요합니다.

일반적으로 컴퓨터는 문자를 숫자로 대신하여 인식하며 상호 연관을 위해 아스키(ASCII) 코드를 사용합니다. ASCII 코드 값과 의미는 부록 B를 참조하시기 바랍니다. 아래의 [표 2.2]에서 char alpha = ‘A’; 일 때 alpha에는 문자 ‘A’의 ASCII 코드에 대응하는 10진수 65(16진수 0x41)가 변환되어 저장됩니다. 따라서 ASCII 코드 값을 직접 대입해도, 숫자로 대입해도 같은 결과를 얻을 수 있습니다.

[표 2.2] 상수의 표현

구분		표현 예

숫자 상수	정수형 상수	int angel = 1004; //10진수
		int octal = 034; //8진수, 0으로 시작하는 8진 숫자열
		int hexa = 0xFF; //16진수, 0x로 시작하는 16진 숫자열
		long lo = 22L; //long형, 10, 8, 16진 숫자 뒤에 'L' 표기

	실수형 상수	float f1 = 3.14; //실수 형태
		double e1 = 0.14E-3; //지수 형태
		double e2 = 1.5E+2; //지수 형태

문자 상수	문자 상수	//문자 상수는 내부적으로 ASCII 코드 값으로 변환 됨
		char alpha = 'A'; //알파벳 문자
		char alpha_d = 65; //'A'의 10진수 ASCII 코드 값=65
		char alpha_h = 0x41; //'A'의 16진수 ASCII 코드 값=0x41
		char one = '1' //숫자 문자, '1'의 10진수 ASCII 코드 값=49
		char enter = '₩n'; //제어 문자

	문자열 상수	char fruit[] = "apple"; //문자열
		char job[] = "computer programmer"

기호 상수		#define ESC 27 #define MAX 100

[표 2.2]에서 사용된 '='는 대입 연산자입니다. 대입 연산자는 오른쪽의 연산 결과, 상수, 변수의 값을 왼쪽의 변수에 기억 또는 대입시키는 연산자입니다. 따라서 대입 연산자의 왼쪽에는 항상 변수만이 올 수 있습니다.

=, ==의 차이

대입 연산자(=)에서 주의해야 할 점은 일반적으로 수학에서 사용되는 "같다"의 의미하고는 다르다는 것입니다. C 언어에서는 "같다"의 의미를 지닌 연산자는 비교연산자 중 "=="를 사용합니다.

2.4 출력 함수 printf()

printf()는 화면에 형식화된 문자열을 출력하는 표준 라이브러리 함수입니다. printf()는 기본적으로 인용부호(" ")안의 모든 문자열을 화면에 출력합니다.

printf("출력 형식 지정 문자열", 인수1, 인수2, ...);

- "출력 형식 지정 문자열" : 여러 가지 제어문자 포함 가능
- 인수1, 인수2, ... : 출력될 항목(변수, 상수, 특정 값, 계산식 등)

제어 문자는 화면에 나타나지 않고 제어문자에 해당되는 기능만을 수행하는 ASCII 코드 문자들입니다. 표현 방식은 역슬래시(₩ 또는 \)와 함께 사용하며, 출력 형식을 지정하는데 많이 사용됩니다. 제어문자의 종류 및 기능은 [표 2.3]과 같습니다.

[표 2.3] 제어 문자의 종류 및 기능

제어문자	기능
₩n	다음 행의 처음으로 간다. (new line)
₩a	벨 소리를 낸다.(alert)
₩b	커서를 한 문자 뒤로 이동시킨다. (backspace)
₩f	프린터의 페이지를 넘긴다. (form feed)
₩r	커서를 현재행의 처음으로 이동시킨다. (carriage return)
₩t	다음 탭 위치로 커서를 이동시킨다. (horizontal tab)
₩₩	역슬래시를 출력한다.
₩'	' 를 출력한다.
₩"	" 를 출력한다.
₩%	%를 출력한다.

변환 문자는 printf() 내 지정된 인수의 값을 받아들이는 자료형을 나타냅니다. 인수들의 값은 인용부호(" ") 안에 변환문자 형태로 출력 형식 지정 문자열에 저장된 후 화면에 출력됩니다. 변환 문자의 종류와 용도는 [표 2.4]와 같습니다.

[표 2.4] 변환 문자의 종류 및 기능

제어문자	변환문자	기능
정수형	%d	10진 int 정수형 출력
	%u	10진 unsigned int 정수형 출력
	%x	16진 int 정수형 출력
	%o	8진 int 정수형 출력
문자형	%c	하나의 문자 출력
문자열형	%s	문자열 출력
실수형	%f	float 실수형으로 출력
	%lf	double 실수형으로 출력
	%e	실수형을 지수 표기법으로 출력
	%g	%e와 %f의 적당한 형태로 출력

다음의 printf() 사용 예와 같이 변환 문자와 인수(변수)의 나열 순서는 반드시 같은 순서대로 지정해 주어야 합니다.

printf() 사용 예

```
printf("%d", 123); //123을 정수로 출력
printf("%s", "123"); //123을 문자열로 출력
printf("%c %d₩n", 'A', 35); //'A', 35를 문자와 정수로 출력 후 바꿈
printf("max=%d, min=%d₩n", 200, 50); //max=200, min=50 출력 후 줄 바꿈
```

[표 2.5]는 수정자의 종류 및 기능입니다.

[표 2.5] 수정자의 종류 및 기능

수정자	예	기능
flag	-	왼쪽 정렬로 출력하고 빈 영역에 공백을 표시한다.
	+	+ 부호를 함께 나타낸다.
	#	8진수는 맨 앞에 0을, 16진수는 0x를 붙인다.
digit(s)	%5.3f %10s	최소 필드 폭을 나타낸다. 오른쪽 정렬로 출력한다.

printf()의 수정자(Modifier)가 사용된 예는 아래와 같습니다.

printf() 수정자(Modifier) 사용 예

① printf("%10d", 123); //10자리 공간에 오른쪽 정렬로 출력
② printf("%+10d", 123); //10자리 공간, '+' 부호와 함께 출력
③ printf("%-10d", 123); //10자리 공간, 왼쪽 정렬
④ printf("%010d", 123); //10자리 공간, 빈 공간은 0으로 채움, 오른쪽 정렬
⑤ printf("%ld", 1234567); //long형 값으로 변환
⑥ printf("%5.2f", 123.456); //다섯 자리 공간, 소수점 이하 두 자리
⑦ printf("%10.4f", 123.456); //10자리 공간, 소수점 이하 네 자리

	1	2	3	4	5	6	7	8	9	10
①								1	2	3
②							+	1	2	3
③	1	2	3							
④	0	0	0	0	0	0	0	1	2	3
⑤	1	2	3	4	5	6	7			
⑥	1	2	3	.	4	6				
⑦	1	2	3	.	4	5	6	0		

[예제 2.1]은 printf()와 관련된 응용 프로그램입니다.

[예제 2.1] printf() 응용

```
#include <stdio.h>
int main()
{
    int in = 1234;
    double dou = 1.23456789;
    char ch = 'a';
    char str[] = "apple";

    printf("%6d₩n", in);
    printf("%06d₩n", in);
    printf("%u₩n", in);
```

```
PROBLEMS    OUTPUT    DEBUG CONSOLE    TERMINAL

PS C:\lecture_src\ctest> cd "c:\lecture_
  1234
001234
1234
1234
1234
1.234568
  1.235
    1.234568
a
  a
apple
     apple
PS C:\lecture_src\ctest>
```

```
    printf("%d₩n", in);
    printf("%3d₩n", in); //데이터보다 작은 자리수이면 원래 길이대로 출력

    printf("%lf₩n", dou);
    printf("%7.3lf₩n", dou);
    printf("%12.6lf₩n", dou);

    printf("%c₩n", ch);
    printf("%3c₩n", ch);

    printf("%s₩n", str);
    printf("%10s₩n", str);
    return 0;
}
```

2.5 입력 함수 scanf(), scanf_s()

형식화된 입력을 담당하는 scanf(), scanf_s() 함수는 키보드로부터 데이터를 읽어 들여 지정된 인수에 저장합니다. scanf() 함수는 printf() 함수와 사용법이 유사합니다만, 한 가지 다른 점은 scanf() 함수에서는 인수의 주소 표현방식을 사용한다는 것입니다. 그래서 일반 변수에 주소연산자(&)를 붙여 사용합니다. scanf(), scanf_s()의 형식은 다음과 같습니다.

scanf(), scanf_s() 형식

```
scanf("입력 형식 지정 문자열", 인수1주소, 인수2주소, ...);
scanf_s("입력 형식 지정 문자열", 인수1주소, sizeof(인수1), ...);
```

scanf(), scanf_s() 형식 사용 예

```
int int_variable;
char char_variable;
scanf("%d", &int_variable);
scanf("%c", &char_variable);
```

```
scanf_s("%d", &int_variable, sizeof(int_variable));
scanf_s("%c", &char_variable, sizeof(char_variable)) ;
```

[예제 2.2]는 scanf() 함수의 응용 예입니다. 예제 프로그램 중간에 "while (getchar() != '₩n');" 부분이 존재하는 이유는 다음과 같습니다. scanf()와 getchar()은 버퍼를 사용하는 입력 함수입니다. 즉, 〈enter〉 키를 누르기 전까지의 입력 값을 버퍼에 저장했다가 〈enter〉 키가 눌려지면 입력을 종료하고 버퍼에 저장된 내용을 프로그램의 해당 변수로 전달합니다. 그런데 프로그램에서 문자 입력을 위해 scanf() 또는 getchar() 함수를 여러 번 사용할 경우 버퍼에 남아있던 〈enter〉값이 두 번째 입력 함수에 그대로 전달될 수 있습니다. 그렇게 되면 의도하지 않은 결과를 가져올 수 있기 때문에 버퍼에 남아있는 불필요한 〈enter〉값을 지워주는 작업이 필요합니다. 이 때 사용되는 방법이 "while (getchar() != '₩n');"문장으로 〈enter〉를 넘겨버리는 것입니다.

[예제 2.2] scanf() 응용

```
#include <stdio.h>
#include <conio.h>
int main()
{
    int in;
    char ch;
    double dou;

    printf("input int_variable : ");
    scanf("%d", &in);

    while (getchar() != '₩n'); //두 번째 입력 전, 버퍼에 저장되어 있는 값을 삭제

    printf("input char_variable : ");
    scanf("%c", &ch);

    printf("input double_variable : ");
    scanf("%lf", &dou);

    printf("₩nin=%d, ch=%c, dou=%.2lf₩n", in, ch, dou);
    return 0;
}
```

```
PROBLEMS    OUTPUT    디버그 콘솔    터미널

input int_variable : 23
input char_variable : A
input double_variable : 23.45678

in=23, ch=A, dou=23.46
PS C:\lecture_src\ctest>
```

문자를 입력을 받을 수 있는 함수들은 여러 개 존재합니다. [표 2.6]에 여러 가지 문자 입력 함수의 종류와 사용법을 정리했습니다.

[표 2.6] 여러 가지 문자 입력 함수

사용법	라이브러리	버퍼이용여부	문자입력작동	echo 기능
scanf("%c", &ch);	〈stdio.h〉	O	문자키+〈enter〉를 누르면 입력 작동	문자키를 누르면 화면에 바로 표시
ch = getchar();	〈stdio.h〉	O	문자키+〈enter〉를 누르면 입력 작동	문자키를 누르면 화면에 바로 표시
ch = getche();	〈conio.h〉	X	문자키를 누르면 바로 입력 작동	문자키를 누르면 화면에 바로 표시
ch = getch();	〈conio.h〉	X	문자키를 누르면 바로 입력 작동	문자키 표시 안 됨

[예제 2.3]에 여러 가지 문자 입력 함수의 예를 보였습니다.

[예제 2.3] 여러 가지 문자 입력 함수 사용

```
#include <stdio.h>
#include <conio.h>
int main()
{
    char ch;

    printf("scanf() 문자 입력 : ");
    scanf("%c", &ch);
    printf(" => ch=%c₩n", ch);

    while (getchar() != '₩n'); //두 번째 입력 전, 버퍼에 저장되어 있는 값을 삭제

    printf("getchar() 문자 입력 : ");
    ch = getchar();
    printf(" => ch=%c₩n", ch);

    printf("getche() 문자 입력 : ");
    ch = getche();
    printf(" => ch=%c₩n", ch);

    printf("getch() 문자 입력 : ");
    ch = getch();
    printf(" => ch=%c₩n", ch);
    return 0;
}
```

```
scanf() 문자 입력 : a
 => ch=a
getchar() 문자 입력 : a
 => ch=a
getche() 문자 입력 : a => ch=a
getch() 문자 입력 :  => ch=a
```

2.6 식에서의 형변환

하나의 식에서 서로 다른 자료형들이 혼합되어 사용될 때, 형 확장(Type Promotion) 규칙에 의해 자동으로 일시적인 형 변환이 발생하며, 피연산자들 중 가장 큰 피연산자의 형으로 변환됩니다. 만약 char 값과 int 값이 사용되는 식이라면, 식을 계산하는 동안 자동으로 int로 확장됩니다. 마찬가지로 int 값과 double 값이 사용되는 식이라면, 식을 계산하는 동안 자동으로 double로 확장됩니다. [예제 2.4]의 결과를 확인해 보시기 바랍니다.

[예제 2.4] 식에서의 자동 형변환

```
#include <stdio.h>
int main()
{
    int ina=1, inb=2;
    double dou=2.0;
    double result_da, result_db;

    result_da = (ina + inb) / inb; //결과는?
    result_db = (ina + inb) / dou; // 결과는?

    printf("result_da=%.2lf₩n", result_da);
    printf("result_db=%.2lf₩n", result_db);

    return 0;
}
```

```
result_da=1.00
result_db=1.50
```

2장에서는 자료형과 입출력에 관련된 내용을 학습 했습니다. 개념 확인 학습, 적용 확인 학습, 응용 프로그래밍을 통해 지금까지 학습한 내용을 점검해 보시기 바랍니다.

제2장 ▸▸▸ 개념 확인 학습

01 정수 자료형에 해당하는 것은 어떤 것들이 있나요?

02 상수와 변수의 차이에 대해 설명하세요.

03 문자 상수와 문자열 상수의 표기는 어떻게 다른가요?

04 char, unsigned char의 데이터 표현 범위에 대해 설명하세요.

05 int와 unsigned int의 데이터 표현 범위에 대해 설명하세요.

06 변수명을 선언할 때의 규칙을 설명하세요.

07 예약어 또는 키워드란 무엇인가?

08 printf()에서 사용되는 제어문자의 종류에는 어떤 것들이 있나요?

09 프로그램에서 문자 입력을 위해 scanf() 또는 getchar() 함수를 여러 번 사용할 경우 버퍼에 남아있던 〈enter〉값이 두 번째 입력 함수에 그대로 전달될 수 있습니다. 이 때 원하는 입력을 받기 위해서는 어떤 작업이 필요한가요?

10 수식에서 자동으로 형변환이 일어날 때의 규칙을 설명하세요.

제2장 ▸▸▸ 적용 확인 학습

01 다음 서술 내용이 바르면 O, 그렇지 않으면 X를 표시 하세요.

A. 식별자는 영문자(대소문자 알파벳), 숫자(0에서 9), 빼기기호(-)로 구성된다. ( )

B. 자료유형에 따라 변수의 저장 공간의 크기와 저장되는 자료 값의 종류가 결정된다. ( )

C. 부동소수점 표현 방법인 %f, %lf에서 필드 폭을 지정하지 않으면 소수 이하 6개 자리수로 출력된다. ( )

D. #include는 기호상수(symbolic constant)를 정의하다. ( )

E. scanf(), scanf_s()에서 값을 입력받을 때에는 저장할 변수의 주소를 명시해야 한다. ( )

F. printf()에서 %10.3f로 표시되어 있을 때에는 최대 10자리 이상의 실수는 출력 할 수 없다. ( )

G. 연산자 sizeof()는 자료형, 변수, 상수의 저장 공간 크기를 비트 단위로 알려준다. ( )

H. 문자형과 정수형의 최대 최소 상수는 헤더파일 limits.h에 UCHAR_MAX, SHRT_MIN, SHRT_MAX 등으로 정의되어 있다. ( )

I. 아스키(ASCII) 코드는 ANSI(American National Standards Institute)에서 제정한 정보 교환용 표준 코드로 총 127 개의 문자로 구성된다. ( )

02 다음에 서술된 문장에 어울리는 프로그램 코드를 완성해 보세요.

A. 정수형 변수 num에 키보드로부터 정수 하나를 입력 받는다.

B. 문자형 변수 ch에 키보드로부터 문자 하나를 입력 받고 출력한다.

C. 기호상수 PI에 3.14를 저장하고 화면에 출력한다.

03 각 자료형을 갖는 변수를 선언했습니다. 잘못 표현된 것이 있다면 바르게 고치세요.

```
unsigned char ch = 130;
unsigned int a, b = -5;
float for;
unsigned double ch;
```

04 다음에서 표현된 상수 각각의 차이에 대하여 설명하세요.

3

'3'

"3"

05 다음 중에서 상수의 표현이 잘못 표현된 것을 고르세요.

10

011

090

0x10

제2장 ▸▸▸ 응용 프로그래밍

※ 응용 프로그래밍은 다음과 같은 구조로 작성합니다. 번호가 늘어 갈 경우 번호에 해당하는 함수를 만들어 사용합니다.

```
#include <stdio.h>

void ex_02(void) {
   //응용 프로그래밍 2번은 ex_02() 내부에 작성합니다.
}
void ex_03(void) {
   //printf("응용 프로그래밍 3번은 ex_03() 내부에 작성합니다.
}
int main() {
   ex_02();
   ex_03();
   return 0;
}
```

01 아래 프로그램의 출력 결과를 확인하신 후 정수형 상수 1과 문자형 상수 '1'의 다른 점에 대해 설명하세요.

```
#include <stdio.h>
int main()
{
   char c1, c2;
   c1 = '1';
   c2 = 1 ;
   printf("c1 = %c, c2 = %c₩n", c1, c2);
   return 0;
}
```

02 문자 'a'와 'A'의 차이('a' – 'A'), 문자 '0'와 '1'의 차이('0' – '1')를 출력하세요. 두 계산의 결과를 확인 한 후 두 문자 중 큰 문자는 어떤 문자인지 적어 보세요. 또한 왜 이러한 결과가 출력되었는지 설명하세요.

```
('a' – 'A') = 32
('0' – '1') = -1
```

03 in변수에 정수를 입력 받아, 다음 결과와 같이 입력된 정수의 8진수 값, 10진수 값, 16진수 값을 출력하세요.

```
정수 입력 : 1
8진수=01 , 10진수=1, 16진수=0x1
```

04 문자를 하나 입력 받아, 다음 결과와 같이 입력된 문자의 8진수 값, 10진수 값, 16진수 값을 출력하세요. 왜 다음과 같은 출력 결과가 나왔을까요?

```
문자 입력 : 1
8진수=061 , 10진수=49, 16진수=0X31
```

05 한 개의 실수를 입력 받아 소수 한자리 까지만 출력하세요.

```
실수를 입력하세요 : 5.589858
입력하신 실수는 5.6입니다.
```

06 변수 mid에 중간고사 성적을, 변수 last에 기말고사 성적을 입력 받은 후 두 성적의 합과 평균을 출력하세요. 출력 형태는 전체 폭 10자리, 소수 이하 3자리, 왼쪽 정렬하여 출력합니다.

```
중간고사 성적 입력 : 99.5
중간고사 성적 입력 : 100
합 = 199.500
평균 = 99.750
```

07 기호상수 PI에 3.141592를 저장한 후 원의 반지름을 입력 받아 원의 면적과 둘레를 출력하세요.

```
원반지름입력: 5
원반지름: 5.00
원면적: 78.54
원둘레: 31.42
```

08 우리 시스템에서 사용하는 자료형(char, short, int, float, double)의 크기를 바이트 단위로 출력하는 프로그램을 작성하세요.

제3장

연산자

Chapter 03

연산자

연산자는 수학에서 사용되는 사칙연산(+, −, ×, ÷) 등의 기호와 같이 C 프로그램에서 연산 동작을 수행하는 기호들을 의미합니다. 수식은 연산의 대상이 되는 연산 항과 연산을 수행하는 연산자가 결합된 하나의 문장입니다.

3.1 연산자의 종류와 우선순위

우선순위란 하나의 수식에서 여러 개의 연산자가 사용될 때 연산자 간에 수행되는 순서를 말합니다. [표 3.1]에 연산자의 종류 및 우선순위를 보였습니다.

[표 3.1] 연산자의 종류 및 우선순위

<table>
<tr><th>우선순위</th><th colspan="2">구 분</th><th>연산자</th></tr>
<tr><td rowspan="16">고

저</td><td colspan="2">cast, 구조체, 공용체</td><td>( ) [ ] . -〉</td></tr>
<tr><td colspan="2">단항 연산자</td><td>! ~ − ++ −− (자료형) * &</td></tr>
<tr><td rowspan="10">이항 연산자</td><td rowspan="2">산술연산</td><td>* / %</td></tr>
<tr><td>+ −</td></tr>
<tr><td>이 동(Shift)</td><td>《 》</td></tr>
<tr><td rowspan="2">비 교</td><td>〈 〈= 〉 〉=</td></tr>
<tr><td>== !=</td></tr>
<tr><td>비트 AND</td><td>&</td></tr>
<tr><td>비트 XOR</td><td>^</td></tr>
<tr><td>비트 OR</td><td></td></tr>
<tr><td>논리 AND</td><td>&&</td></tr>
<tr><td>논리 OR</td><td></td></tr>
<tr><td colspan="2">조건 연산자</td><td>? :</td></tr>
<tr><td colspan="2">대입 연산자</td><td>= += *= /= %=
〉〉= 〈〈= &= ∧= | =</td></tr>
<tr><td colspan="2">나열 연산자</td><td>,</td></tr>
</table>

연산 식에는 우선순위가 존재하기 때문에 원하는 결과를 얻을 수 있는 지에 대해서 주의해야 합니다. 만약, 우선순위가 애매하다고 판단될 때에는 모든 연산자의 최우선 순위를 갖는 괄호를 이용하면 됩니다.

[예제 3.1] 연산에서의 연산자 우선순위

```
#include <stdio.h>
int main()
{
      int result, a=8, b=6, c=4, d=2;

      result = a + b * c - d;
      printf("%d + %d * %d - %d = %d₩n", a, b, c, d, result);

      result = a + b * (c - d);
      printf("%d + %d * (%d - %d) = %d₩n", a, b, c, d, result);
      return 0;
}
```

```
8 + 6 * 4 - 2 = 30
8 + 6 * (4 - 2) = 20
```

[표 3.1]의 우서순위가 높은 것부터 차례로 설명을 진행하겠습니다. 구조체와 공용체는 8장에서 설명합니다.

3.2 형변환 연산자

자료형이 다른 값들을 혼합해서 연산을 할 경우 자동으로 형 변환이 이루어지게 됩니다. 이 때 우선순위가 낮은 자료형이 우선순위가 높은 자료형으로 자동 형변환 됩니다. 자료형의 우선순위는 char < short < int < long < unsigned < float < double 순으로 높습니다. 자동 형변환이 이루어질 때 가장 주의해야 할 점은 대입 연산을 사용했을 때입니다. 대입연산을 할 때 오른쪽의 자료형이 왼쪽보다 표현범위가 크다면 부득이하게 정보의 손실이 발생하게 됩니다. 예를 들어 double형 변수가 float형 변수로 형변환이 이루어진다면 두 자료형의 유효숫자 차이만큼 데이터를 잃게 되는 것입니다.

자료형이 규칙에 따라 자동으로 변경될 수 도 있지만, cast 연산자를 이용하여 강제적으로 변경할 수도 있습니다. cast 연산자의 형식은 다음과 같습니다.

cast 연산자의 형식

```
(데이터형) 수식;
(데이터형) 변수;
```

cast 연산자 예

```
int a = (int) 10.5 + (int) 3.14;
int b = 10;
double c = (double)b / a
```

3.3 단항 연산자

한 개의 연산 항을 대상으로 산술적인 처리를 수행합니다. 여기서, 증감 연산자(++, --)는 연산 항을 기준으로 위치하는 형태에 따라 전위형(++a)과 후위형(a++)로 구분됩니다. [표 3.2]에 단항 연산자의 표현식과 의미를 나타냈습니다.

[표 3.2] 단항 연산자의 표현식과 의미

연산자	기능	사용 예	의미
++	1 증가(increment)	a++;　　++a;	a = a + 1;
--	1 감소(decrement)	a--;　　--a;	a = a - 1;
-	부호반전(reverse sign)	b = -a;	

독립된 연산항의 증감을 위해 증감 연산자가 사용될 때에는 전위형과 후위형의 결과가 일치합니다. 그러나 대입 연산자와 함께 사용될 때에는 증감 연산자의 위치에 따라 대입항의 결과 값이 달라집니다. 아래의 [표 3.3]을 참고하시기 바랍니다.

[표 3.3] 대입 연산자와 증감 연산자

연산식	의미		사용 예 (a=3 경우)	
			a	b
b = ++a;	a=a+1;	b=a;	4	4
b = a++;	b=a;	a=a+1;	4	3
b = --a;	a=a-1;	b=a;	2	2
b = a--;	b=a;	a=a-1;	2	3

[예제 3.2] 대입 연산자와 증감 연산자

```
#include <stdio.h>
int main()
{
    int a, b, c = 3, d = 5;

    a = c++ + d;
    b = c + d++;
    printf("a=%d, b=%d, c=%d, d=%d₩n", a, b, c, d);
    return 0;
}
```

```
a=8, b=9, c=4, d=6
```

3.4 산술 연산자

두 개의 연산 항을 대상으로 산술적인 처리를 할 때 사용되는 연산자로 [표 3.4]에 종류 및 기능을 보였습니다. 여기서, 나눗셈 연산자('/')를 사용한 수식일 경우 형 변환에 주의해야 하며, 나머지 연산자('%')는 두 피 연산자가 모두 정수형이어야 합니다.

[표 3.4] 산술 연산자

연산자	기능	사용 예	의미
+	덧셈	y = a + b;	a와 b를 더해 그 결과를 y에 대입
–	뺄셈	y = a – 3;	a에서 3을 빼 그 결과를 y에 대입
*	곱셈	y = a * b;	a와 b를 곱해 그 결과를 y에 대입
/	나눗셈	y = a / 3;	a를 3으로 나누어 그 결과를 y에 대입
%	나머지	y = a % b	a를 b로 나누어 그 나머지 값을 y에 대입

3.5 이동(Shift) 연산자

이동(Shift) 연산자는 이동 연산자 다음에 오는 숫자만큼 2진수 비트들을 왼쪽(MSB 방향) 또는 오른쪽(LSB 방향)으로 자리를 이동시키는 연산자입니다. 음수인 경우는 부호를 고려해야 하므로 비트 이동시 비트 채움 값이 어떻게 달라지는지 아래의 설명과 [예제 3.3]을 참고하시기 바랍니다.

<< 경우

- 왼쪽(MSB 방향)으로 이동 할 때 생기는 공백 비트에는 0이 채워짐.
- 부호(MSB, 양수는 0, 음수는 1) 비트는 변경 없음.

a = 15	0	0	0	0	1	1	1	1	
a << 2	0	0	1	1	1	1	0	0	//32+16+8+4 = 60

b = –15	1	1	1	1	0	0	0	1	
b << 2	1	1	0	0	0	1	0	0	//–128+64+4 = –60

>> 경우

- 부호(MSB, 양수는 0, 음수는 1) 비트로 채워짐

a = 15	0	0	0	0	1	1	1	1	
a >> 2	0	0	0	0	0	0	1	1	//2+1 = 3

b = –15	1	1	1	1	0	0	0	1	
b >> 2	1	1	1	1	1	1	0	0	//–128+64+32+16+8+4 = –4

[예제 3.3] 이동(Shift) 연산자

```
#include <stdio.h>
int main()
{
    int a=15, b=-15;

    printf("a=%d, a<<2=%d₩n", a, a<<2);
    printf("b=%d, b<<2=%d₩n", b, b<<2);

    printf("a=%d, a>>2=%d₩n", a, a>>2);
    printf("b=%d, b>>2=%d₩n", b, b>>2);
    return 0;
}
```

```
a=15, a<<2=60
b=-15, b<<2=-60
a=15, a>>2=3
b=-15, b>>2=-4
```

위에서 설명 드린 것처럼 이동(Shift) 연산자는 2진수의 특성으로 인해 왼쪽(MSB 방향)으로 1비트 쉬프트 하면 원래의 값에 2배, 오른쪽(LSB 방향)으로 1비트 쉬프트 하면 원래의 값을 2로 나눈 결과를 얻게 됩니다. 즉, [표 3.5]의 결과에서처럼 이동 연산자 다음에 오는 숫자의 2의 배수만큼 곱하거나 나눈 결과를 얻을 수 있게 됩니다.

[표 3.5] 이동 연산자의 표현식과 의미

표현식	의미	결과
b = a << 3;	$b = a * 2^3$	a=8일 경우, b=64
b = a >> 2;	$b = a / 2^2$	a=8일 경우, b=4

3.6 비교 연산자

비교 연산자는 관계식의 동일 또는 대소를 비교하여 참(1)과 거짓(0)을 판정하는 연산자입니다. 연산식이 참이면 1의 값을 반환하고, 거짓이라면 0의 값을 반환합니다. 비교 연산자는 조건문의 조건식에서 많이 사용되며 종류와 의미는 [표 3.6]과 같습니다.

[표 3.6] 비교 연산자의 표현식과 의미

연산자	의미	표현식	y=? (a=3; b=2; 경우)
>	왼쪽 값이 오른쪽 값보다 크다.	y = (a > b);	1
<	왼쪽 값이 오른쪽 값보다 작다.	y = (a < b);	0
>=	왼쪽 값이 오른쪽 값보다 크거나 같다.	y = (a >= b);	1
<=	왼쪽 값이 오른쪽 값보다 작거나 같다.	y = (a <= b);	0
==	왼쪽 값과 오른쪽 값이 같다.	y = (a == b);	0
!=	왼쪽 값과 오른쪽 값이 같지 않다.	y = (a != b);	1

3.7 비트 단위 논리 연산자

비트 연산자는 비트 단위로 논리연산을 수행하는 연산자입니다. 비트 연산자의 종류와 기능을 [표 3.7]과 [예제 3.4]에 나타냈습니다.

[표 3.7] 비트 연산자

<table>
<tr><th colspan="3">비트 연산자</th><th>&</th><th>|</th><th>^</th><th>~</th></tr>
<tr><td colspan="3">의미</td><td>비트 곱(AND)</td><td>비트 합(OR)</td><td>배타적 논리합(XOR)</td><td>비트 반전</td></tr>
<tr><td rowspan="5">비트연산</td><td>x_0</td><td>y_0</td><td>x_0 & y_0</td><td>x_0 | y_0</td><td>x_0 ^ y_0</td><td>~x_0;</td></tr>
<tr><td>0</td><td>0</td><td>0</td><td>0</td><td>0</td><td>1</td></tr>
<tr><td>0</td><td>1</td><td>0</td><td>1</td><td>1</td><td>1</td></tr>
<tr><td>1</td><td>0</td><td>0</td><td>1</td><td>1</td><td>0</td></tr>
<tr><td>1</td><td>1</td><td>1</td><td>1</td><td>0</td><td>0</td></tr>
<tr><td colspan="3">표현식</td><td>z = x & y;</td><td>z = x | y;</td><td>z = x ^ y;</td><td>z = ~x;</td></tr>
<tr><td colspan="3">x=7, y=5일 경우
표현식의 결과 z</td><td>z=5</td><td>z=7</td><td>z=2</td><td>z=-8</td></tr>
</table>

[예제 3.4] 비트 단위 논리 연산자

```
#include <stdio.h>
int main()
{
    int x = 7, y = 5;

    printf("%d & %d = %d₩n", x, y, x&y);
    printf("%d | %d = %d₩n", x, y, x|y);
    printf("%d ^ %d = %d₩n", x, y, x^y);
    printf("~%d = %d₩n", x, ~x);
    return 0;
}
```

```
7 & 5 = 5
7 | 5 = 7
7 ^ 5 = 2
~7 = -8
```

	b7	b6	b5	b4	b3	b2	b1	b0
x = 7	0	0	0	0	0	1	1	1
y = 5	0	0	0	0	0	1	0	1
x & y	0	0	0	0	0	1	0	1
x | y	0	0	0	0	0	1	1	1
x ^ y	0	0	0	0	0	0	1	0
~x	1	1	1	1	1	0	0	0

3.8 논리 연산자

논리 연산자는 AND, OR, NOT의 논리 연산을 수행하는 연산자입니다. 비트 연산자와 다른 점은 비트 단위가 아닌 두 피 연산자의 참과 거짓을 고려한다는 것입니다.

C 언어에서의 참과 거짓의 의미

C 언어에서 데이터에 대한 참의 의미는 0이 아닌 수를 말하며, 0은 거짓으로 간주합니다. 문자형일 경우 NULL('₩0')은 거짓이고 그 이외의 문자는 참입니다. 참과 거짓에 관련된 연산의 반환 값은 참인 경우에는 1, 거짓인 경우에는 0을 반환합니다.

AND(&&) 연산자는 두 피 연산자가 모두 참(1)일 때 참(1)의 결과 값을 가집니다. OR(||) 연산자는 두 피 연산자 중 하나만 참(1)이더라도 참(1)의 결과 값을 가집니다. NOT(!) 연산자는 피 연산자가 참(1)인 경우에는 거짓(0), 거짓(0)인 경우에는 참(1)의 결과가 반환됩니다. 논리 연산자의 종류 및 기능은 [표 3.8]에 나타냈습니다.

[표 3.8] 논리 연산자

논리 연산자	&&	||	!
의미	논리 곱(AND)	논리 합(OR)	논리 반전
표현식	z = x && y;	z = x || y;	z = !x;
x=7, y=0일 경우 표현식의 결과 z	z=0	z=1	z=0

[예제 3.5] 논리 연산자

```
#include <stdio.h>
int main()
{
    int x = 7, y = 0;
    printf("%d && %d = %d₩n", x, y, x && y);
    printf("%d || %d = %d₩n", x, y, x || y);
    printf("!%d = %d₩n", x, !x);
    return 0;
}
```

```
7 && 0 = 0
7 || 0 = 1
!7 = 0
```

3.9 조건 연산자

조건 연산자는 조건이 참이면 수식1을 수행하거나, 수식1의 결과를 반환 값에 저장합니다. 조건이 거짓이면 수식2를 수행하거나, 수식2의 결과를 반환 값에 저장합니다. 다음은 일반적인 조건 연산자의 표현식을 나타낸 것이다.

조건 연산자 형식

조건식 ? 수식1 : 수식2;

반환값 = 조건식 ? 수식1 : 수식2;

[예제 3.6]은 조건 연산자의 사용 예입니다.

[예제 3.6] 조건 연산자

```
#include <stdio.h>
int main()
{
    int apple = 10, person = 3;
    //int apple = 10, person = 5;
    int share, remain;

    share = (apple >= person) ? apple / person : 0;
    remain = share? apple % person : apple;

    printf("apple=%d, person=%d, share=%d, remain=%d₩n", apple, person,
    share, remain);
    remain? printf("사과 드실 분?₩n") : printf("맛있게 드세요.");
    return 0;
}
```

```
apple=10, person=3, share=3, remain=1
사과 드실 분?
```

```
apple=10, person=5, share=2, remain=0
맛있게 드세요.
```

3.10 대입 연산자

대입 연산자(=) 오른쪽의 연산 결과 또는 상수나 변수의 값을 왼쪽의 변수에 저장하는 연산자입니다. 따라서 대입 연산자의 왼쪽에는 항상 변수만이 올 수 있습니다. 혼합 대입 연산자는 산술 연산자, 비트 연산자, 쉬프트 연산자와 대입 연산자(=)를 혼합한 형태의 연산자입니다.

[표 3.9] 혼합 대입연산자의 의미

표현식	의미
a += b;	a = a + b;
a -= 3;	a = a - 3;
a *= b;	a = a * b;
a /= 3;	a = a / 3;
a %=b;	a = a % b;
a &= 3;	a = a & 3;
a |= b;	a = a | b;

표현식	의미
a ^= 3;	a = a ^ 3;
a >>= b;	a = a >> b;
a <<= 3;	a = a << 3;

3.11 나열 연산자

나열 연산자는 콤마(Comma) 연산자라고도 불립니다. 이 연산자는 여러 식들을 콤마로 분리, 나열하여 왼쪽에서부터 오른쪽으로 차례로 연산을 수행합니다. 만약, 나열 연산자로 변수 또는 수식들을 나열하여 초기치를 지정하려면 괄호(( ))로 묶어야 합니다. 대입연산자와 괄호로 묶인 나열 연산식이 사용된 경우에는, 나열 연산식의 가장 오른쪽의 결과 값이 왼쪽의 변수에 대입됩니다. 괄호 유무의 차이를 [예제 3.7]의 결과로 확인해 보시기 바랍니다. 나열 연산자의 형식은 다음과 같습니다.

나열 연산자 형식

연산식1, 연산식2, 연산식3, ...;

[예제 3.7] 나열 연산자

```
#include <stdio.h>
int main()
{
    int a, b, c, d_bro, d_brx;

    a = 2;
    d_bro = (a++, b = a * 2, c = b - 2);

    a = 2;
    d_brx = a++, b = a * 2, c = b - 2;
```

```
a=3, b=6, c=4, d_bro=4
a=3, b=6, c=4, d_brx=2
```

```
    printf("a=%d, b=%d, c=%d, d_bro=%d₩n", a, b, c, d_bro);
    printf("a=%d, b=%d, c=%d, d_brx=%d₩n", a, b, c, d_brx);
    return 0;
}
```

3.12 연산에 사용되는 함수들

아래는 연산 식에서 자주 사용되는 함수들로 [예제 3.8]에 사용법을 보였습니다. 이 함수들을 사용하려면 〈math.h〉을 포함해 주어야 합니다.

지수승, 제곱근, 올림, 내림 함수

```
#include <math.h>
double pow(double x, double y);        //x의 y지수승 값을 반환
double sqrt(double x);                 //x의 제곱근을 반환
double ceil(double x);                 //x보다 큰 최소 정수를 반환
double floor(double x);                //x보다 작은 최대 정수를 반환
```

[예제 3.8] 연산에 사용되는 함수들

```
#include <stdio.h>
#include <math.h>
#define PI 3.141592
int main()
{
    printf("pow(2,4) = %f ₩n", pow(2,4));
    printf("sqrt(16) = %lf ₩n", sqrt(16));
    printf("ceil(%lf) = %lf ₩n", PI, ceil(PI));
    printf("floor(%lf) = %lf ₩n", PI, floor(PI));
    return 0;
}
```

```
pow(2,4) = 16.000000
sqrt(16) = 4.000000
ceil(3.141592) = 4.000000
floor(3.141592) = 3.000000
```

3.13 연산자 응용

[예제 3.9]는 0에서 9까지의 숫자 두 개를 문자 단위로 입력 받아 두 숫자의 합을 출력하는 예입니다. 사용자 입력 시 0에서 9까지의 숫자가 아닌 일반적인 문자가 입력 될 수 있음을 감안하여, 잘못된 입력일 경우 조건 연산자를 사용하여 입력 값을 0으로 수정했습니다.

[예제 3.9] 연산자 응용

```
#include <stdio.h>
#include <conio.h>
int main()
{
	char cha, chb;
	int ina, inb;

	printf("₩n0~9까지의 숫자 입력 : ");
	cha = getche();

	printf("₩n0~9까지의 숫자 입력 : ");
	chb = getche();

	ina = (cha >= '0' && cha <= '9') ? cha - '0' : 0; //'5'->5 //'5'-'0'= 5
	inb = (chb >= '0' && chb <= '9') ? chb - '0' : 0;

	printf("₩n합=%d ₩n", ina + inb);
	return 0;
}
```

```
0~9까지의 숫자 입력 : 5
0~9까지의 숫자 입력 : 7
합=12
```

```
0~9까지의 숫자 입력 : 5
0~9까지의 숫자 입력 : a
합=5
```

3장에서는 연산자에 관련된 내용을 학습 했습니다. 개념 확인 학습, 적용 확인 학습, 응용 프로그래밍을 통해 지금까지 학습한 내용을 점검해 보시기 바랍니다.

제3장 ▸▸▸ 개념 확인 학습

01 연산에서 강제적으로 형변환이 필요한 경우 어떻게 처리해야 하나요?

02 연산에서 자동으로 형변환이 일어나는 경우 자료형들의 우선순위가 어떻게 되나요?

03 단항 연산자가 대입연산자와 함께 사용되는 경우 전위형(b=++a;)과 후위형(b=a++;)의 연산 결과는 어떻게 되나요?

04 숫자로 표현되는 모든 자료형에서는 나머지 연산자(%)의 사용이 가능한가요?

05 음의 정수값이 저장되어있는 변수에서 이동 연산자(>>, <<)를 사용할 경우 부호비트는 어떻게 처리되나요?

06 비교 연산자(==, != 등)의 결과는 어떻게 처리되나요?

07 비트 연산자 &와 논리 연산자 &&의 다른 점은 무엇인가요?

08 C 언어에서 참과 거짓은 어떻게 구별되나요?

09 조건 연산자(?)의 사용법을 설명하세요.

10 a 〈〈= 3; 식의 의미는 무엇인가요?

11 대입연산자와 괄호로 묶이지 않은 나열 연산식이 사용된 경우에 왼쪽의 변수에 대입되는 결과 값은 무엇인가요?

제3장 ››› 적용 확인 학습

01 다음 서술 내용이 바르면 O, 그렇지 않으면 X를 표시 하세요.

A. 정수형 변수 in을 강제적으로 double형으로 바꿀 때에는 double(in); 으로 형변환 한다. ( )

B. b = a++;을 수행한 후 b의 값은 a가 1증가하기 전의 값이다. ( )

C. 단항 연산자 '!'와 '~'는 같은 의미이다. ( )

D. 나머지 연산자 '%'의 피연산자는 반드시 정수여야 한다. ( )

E. 나누기 연산자 '/'를 사용하여 정수나누기 정수를 했을 경우의 결과 값은 몫이 된다. ( )

F. b = a >> 3;의 수행 결과로 b에는 a를 세 번 곱한 값이 저장된다. ( )

G. 비교 연산자 '!='은 두 피연산자의 값이 같을 경우 1을 반환한다. ( )

H. 비트 XOR 연산자 '^'은 두 피연산자의 비트가 같으면 1을 반환한다. ( )

I. 대입 연산식 a =+ b;는 a = a+b;이다. ( )

J. 조건 연산식 b ? c : d;에서 b가 0이면 c가 수행된다. ( )

K. 조건 연산식 a = b ? c : d;에서 b가 0이면 c의 수행 결과가 a에 대입된다. ( )

L. 대입연산자와 괄호로 묶인 나열 연산식이 사용된 경우에는, 나열 연산식의 가장 오른쪽의 결과 값이 왼쪽의 변수에 대입된다. ( )

02 다음에 서술된 문장에 어울리는 프로그램 코드를 완성해 보세요.

A. 정수형 변수 num을 double형으로 형변환 한다.

B. 문자형 변수 a에 저장되어 있는 값을 1감소시켜 b에 저장한다.

C. 정수형 변수 a, b, c 가 존재할 때, a를 b로 나눈 나머지를 c에 대입한다.

D. 정수형 변수 a, b가 존재할 때 이동 연산자를 사용하여 a에 8을 곱한 값을 b에 저장한다.

E. 정수형 변수 a, b, c가 존재할 때, 조건 연산자를 사용하여 a, b가 같으면 c에 100을 그렇지 않으면 c에 50을 대입한다. 이동 연산자를 사용하여 a에 8을 곱한 값을 b에 저장한다.

F. 실수형 변수 a, b가 존재할 때, a 보다 작은 최대 정수를 b에 저장한다.

03 변수 값이 각각 a가 3일 때 다음 연산식의 결과 d를 쓰세요.

```
d = (a++, b = a * 2, c = b - 2);
```

```
d = a++, b = a * 2, c = b - 2;
```

제3장 ▸▸▸ 응용 프로그래밍

※ 응용 프로그래밍은 다음과 같은 구조로 작성합니다. 번호가 늘어 갈 경우 번호에 해당하는 함수를 만들어 사용합니다.

```
#include <stdio.h>

void ex_02(void) {
   //응용 프로그래밍 2번은 ex_02() 내부에 작성합니다
}
void ex_03(void) {
   //printf("응용 프로그래밍 3번은 ex_03() 내부에 작성합니다.
}
int main() {
   ex_02();
   ex_03();
   return 0;
}
```

01 커피 자판기에 돈을 넣으면 거스름돈을 내주는 시스템을 만들려고 합니다. 커피는 1200원이고 자판기는 10000원 까지 받을 수 있습니다. 거스름돈을 카운트하는 프로그램을 작성하세요. 단, 화폐단위는 5000원, 1000원, 500원, 100원 네 가지이며, 가능한 큰 화폐단위로 지불합니다. 예를 들어 10000원을 입력하고 커피 두 잔을 산다면 5000원권 1개, 1000원권 2개, 500원 동전 1개, 100원 동전 1개라고 출력하시면 됩니다.

```
#include <stdio.h>
int main(void)
{
      int x;

      printf("10000이하의 금액을 입력해 주세요 : ");
      ...
```

```
10000이하의 금액을 입력해 주세요 : 10000
커피 몇 잔 드릴까요 : 2

거스름 돈 입니다.
5000원권 1개
1000원권 2개
500원 동전 1개
100원 동전 1개
```

02 두 정수를 입력 받아 큰 수를 작은 수로 나눈 몫과 나머지를 각각 출력하는 프로그램을 작성하세요. (조건 연산자 사용)

```
정수 두 개를 입력하세요 : 20 30
큰 수 = 30
작은 수 = 20
큰 수를 작은 수로 나눈 몫과 나머지 = 1, 10
```

03 getche()를 사용하여 문자를 입력 받아 알파벳이 아니면 'N', 알파벳이면 'Y'를 출력하는 프로그램을 작성하세요. (조건 연산자 사용)

```
문자를 입력하세요 : % -> N
```

```
문자를 입력하세요 : a -> Y
```

04 getche()를 사용하여 0~9까지의 숫자 2개를 입력 받아 두 숫자의 곱을 출력하세요. 단, 입력 받은 문자가 숫자가 아닌 경우에는 1로 처리하세요. 만약 7과 8을 입력 받았다면 56을 출력합니다. (조건 연산자 사용)

```
숫자를 입력하세요 : 7
숫자를 입력하세요 : 8
두 수의 곱은 = 56
```

```
숫자를 입력하세요 : 7
숫자를 입력하세요 : &
두 수의 곱은 = 7
```

05 입력 받은 정수의 2배, 4배, 8배의 수를 출력하는 프로그램을 작성하세요. (곱하기 연산자 사용 금지)

```
정수를 입력하세요 : 2
2배 = 4
4배 = 8
8배 = 16
```

```
정수를 입력하세요 : 3
2배 = 6
4배 = 12
8배 = 24
```

06 입력 받은 정수를 2로 나눈 몫이 10보다 크면 "OK" 그렇지 않으면 "NOK"를 출력하는 프로그램을 작성하세요. (나누기 연산자 사용 금지)

```
정수를 입력하세요 : 12
NOK
```

```
정수를 입력하세요 : 30
OK
```

07 입력 받은 정수가 음수인지 양수인지 판별하세요. 음수는 부호비트가 1, 양수는 부호비트가 0입니다. (이동 연산자 사용)

```
정수를 입력하세요 : -1
음수입니다.
```

```
정수를 입력하세요 : 1
양수입니다.
```

제4장

선택 반복 제어

Chapter 04 선택 반복 제어

어떤 일을 하다보면 선택의 순간도, 반복의 순간도 찾아오게 됩니다. C 프로그램도 마찬가지입니다. 프로그래밍이라는 것은 실제 일어 날 수 있는 일을 자동화하는 과정이기 때문입니다. 요구사항을 구현하려면 프로그래밍과정에서 선택과 반복을 어떻게 잘 제어하는가가 중요한 요소로 작용하게 됩니다. 이번 장에서는 아래 [표 4.1]에 제시된 제어문들의 사용법을 활용해 좀 더 효과적으로 프로그래밍 할 수 있는 방법을 배워보도록 하겠습니다.

[표 4.1] 제어의 종류

분류	종류
선택 제어	if~else, swtich~case
반복 제어	for, while, do~while
흐름 제어	break, continue

4.1 선택 제어 if else

if는 조건식에 따라 문장의 실행 흐름을 선택하게 합니다. if의 조건식이 참이면 if에 속한 명령문의 블록({ })이 수행되고, 거짓이면 else에 속한 명령문의 블록({ })이 수행됩니다. [그림 4.1]에 일반적인 if else 구조를 나타냈습니다.

만약 else가 존재하지 않는다면 아무것도 수행하지 않고 if의 다음 블록이 실행됩니다. [그림 4.2]에 일반적인 if 구조를 나타냈습니다.

if, else if는 세 개 이상의 다중 선택인 경우에 사용합니다. else if 각각에도 조건식이 필요하며, 마지막에서는 조건 없이 else만 사용합니다. [그림 4.3]에 일반적인 if, else if 구조를 나타냈습니다.

위에서 설명 드린 두 경우 모두 if에 속한 명령문이 한 개일 경우에는 블록문의 대괄호를 생략할 수 있습니다.

if else 형식

```
명령문1;
if (조건식) {
    명령문2;
    명령문3;
} else {
    명령문4;
    명령문5;
}
명령문 6;
```

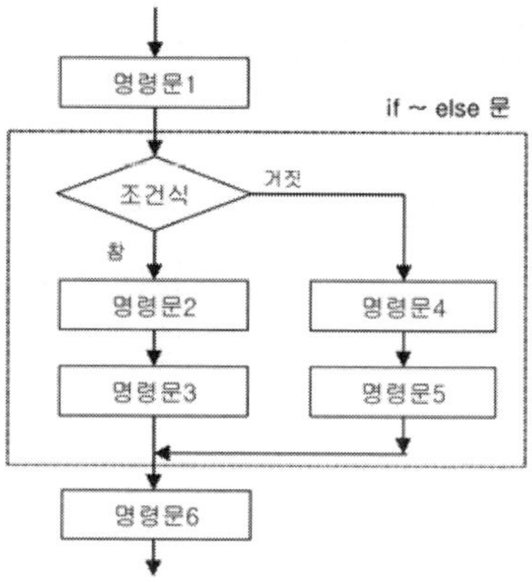

[그림 4.1] if ~ else 형식

선택 제어 if 형식

```
명령문1;
if (조건식) {
    명령문2;
    ....
    명령문n;
}
명령문n+1;
```

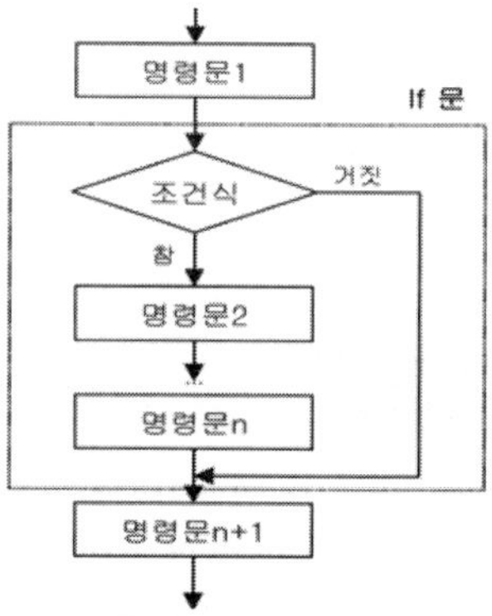

[그림 4.2] if 형식

if, else if 형식

```
명령문1;
if (조건식1)  {
    명령문2;
} else if (조건식 2) {
    명령문3;
} else if (조건식 3) {
    명령문4;
} else {
    명령문5;
}
명령문 6;
```

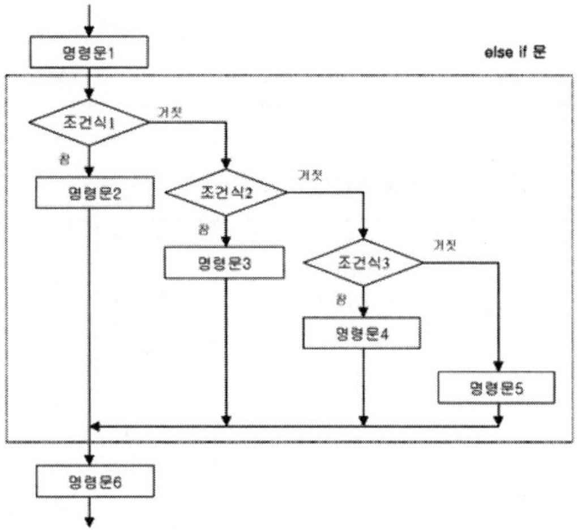

[그림 4.3] if, else if 형식

아래는 [예제 4.1], [예제 4.2]는 선택 제어 if를 사용한 예입니다.

[예제 4.1] if else 조건

```
#include <stdio.h>
int main()
{
    int a, b, big, small;

    printf("정수를 입력하세요 : ");
    scanf("%d", &a);
    printf("정수를 입력하세요 : ");
    scanf("%d", &b);

    if (a > b) {
        big = a;
        small = b;
    } else {
        big = b;
        small = a;
    }
```

```
정수를 입력하세요 : 8
정수를 입력하세요 : 2
big = 8
small = 2
```

```
        printf("big = %d₩n", big);
        printf("small = %d₩n", small);
        return 0;
}
```

[예제 4.2] if, else if 조건

```
#include <stdio.h>
int main()
{
        char ch;

        printf("드시고 싶은 과일의 첫 영문자를 입력하세요 : ");
        ch = getchar();

        if (ch == 'a')
            printf("제게 apple 있네요. 받으세요.₩n");
        else if (ch == 'b')
            printf("제게 banana 있네요. 받으세요.₩n");
        else if (ch == 'm')
            printf("제게 mango 있네요. 받으세요.₩n");
        else
            printf("그것은 없네요. 제게 있는 peach 드릴께요.₩n");
        return 0;
}
```

```
드시고 싶은 과일의 첫 영문자를 입력하세요 : b
제게 banana 있네요. 받으세요.
```

```
드시고 싶은 과일의 첫 영문자를 입력하세요 : k
그것은 없네요. 제게 있는 peach 드릴께요.
```

4.2 중첩된 if

if else를 여러 개 중첩 사용해 다양한 조건에 대한 선택을 제어 할 수도 있습니다. [그림 4.4]에 일반적인 중첩된 if 구조를, [예제 4.3]에 그 예를 나타냈습니다.

중첩된 if else 형식

```
명령문1;
if (조건식1) {
    if (조건식2) {
        명령문2;
        명령문3;
    } esle {
        명령문4;
        명령문5;
    }
} else {
    명령문6;
    명령문7;
}
명령문8;
```

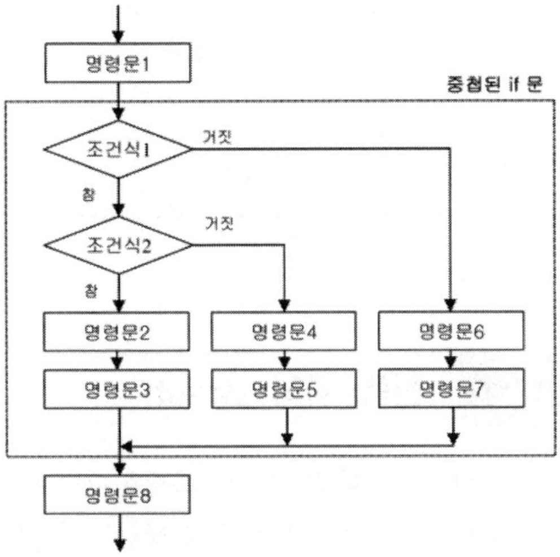

[그림 4.4] 중첩된 if else 형식

[예제 4.3] 중첩된 if else 조건

```
드시고 싶은 과일의 첫 영문자를 입력하세요 : m
 mango면 a를 melon면 e를 입력하세요 : a
 제게 mango 있네요. 받으세요.
```

```
#include <stdio.h>
#include <conio.h>
int main()
{
    char ch;
    printf("드시고 싶은 과일의 첫 영문자를 입력하세요 : ");
    ch = getche();

    if (ch == 'm') {
        printf("₩n mango면 a를 melon면 e를 입력하세요 : ");
        ch = getche();

        if (ch == 'a')
                printf("₩n 제게 mango 있네요. 받으세요.");
        else if(ch == 'e')
                printf("₩n 제게 melon 있네요. 받으세요.");
```

```
        else
                printf("₩n 그것은 없네요. apple 드릴께요.");
    } else {
        printf("₩n 그것은 없네요. peach 드릴께요.");
    }
    return 0;
}
```

4.3 선택 제어 switch

switch는 다중 비교의 특별한 경우로, 정수 표현식과 일치되는 값들을 비교하여 그에 해당되는 명령문을 수행합니다. if else의 기능을 switch로 대체할 수 있습니다. [그림 4.5]는 일반적인 switch의 형식입니다.

switch 형식

```
switch(정수 표현식의 조건) {
case 식1 :
    명령문1;
    break;
case 식2 :
    명령문2;
    break;
...
case 식n :
    명령문n;
    break;
default :
    명령문n+1;
}
```

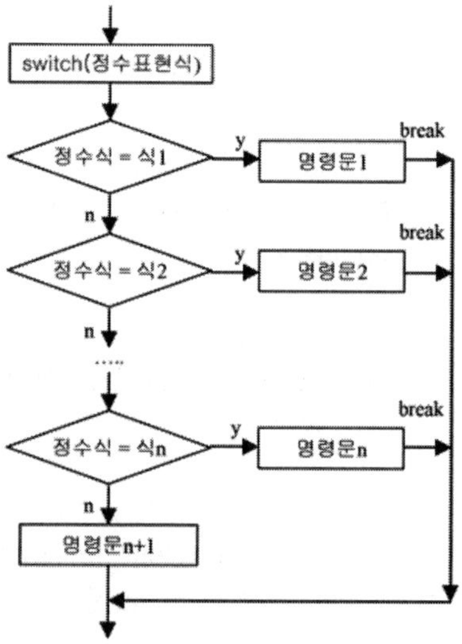

[그림 4.5] switch 형식

위 형식에서 switch는 괄호 내에 있는 "정수 표현식"은 정수형 또는 정수형으로 변환 가능한 자료형이라는 의미입니다. switch는 정수 표현식으로 된 조건의 값을 검사한 후, 정수 표현식의 값과 같은 값을 갖는 case행부터 시작해서 break 문을 만나거나 switch가 종료될 때까지의 모든 명령문들을 수행합니다. 즉, break를 어떻게 사용하느냐에 따라 case 한 개를 실행 할 수도, 여러 개를 실행할 수도 있습니다.

만약, 정수 표현식에 대응하는 레이블이 없으면 default 레이블이 붙은 행을 수행합니다. default 레이블의 사용은 선택적이며, default가 없고 대응되는 레이블도 없을 때에는 switch의 명령문들이 하나도 수행되지 않을 수 있습니다. 또한 switch의 case에서 동일 수행문을 갖는다고 하여 "case 1, 0:" 형태로는 사용할 수 없습니다. 반드시 "case 1: case0:" 형태로 분리해 주어야 합니다.

이전 단원에서 if를 사용한 [예제 4.1], [예제 4.2]를 switch를 사용한 선택으로 바꿔 [예제 4.4], [예제 4.5]에 보였습니다.

[예제 4.4] [예제 4.1] if else를 switch 조건으로 수정

```
#include <stdio.h>
int main()
{
    int a, b, big, small;

    printf("정수를 입력하세요 : ");
    scanf("%d", &a);
    printf("정수를 입력하세요 : ");
    scanf("%d", &b);

    switch(a > b) { //if (a > b)
    case 1:
        big = a;
        small = b;
        break;
    case 0:
        big = b;
        small = a;
        break;
    }
    printf("big = %d₩n", big);
```

```
정수를 입력하세요 : 8
정수를 입력하세요 : 2
big = 8
small = 2
```

```
    printf("small = %d\n", small);
    return 0;
}
```

[예제 4.5] [예제 4.2] if else를 switch 조건으로 수정

```
#include <stdio.h>
int main()
{
    char ch;

    printf("드시고 싶은 과일의 첫 영문자를 입력하세요 : ");
    ch = getchar();

    switch(ch) {
    case 'a':       //if (ch == 'a')
        printf("제게 apple 있네요. 받으세요.\n");
        break;
    case 'b':       //else if (ch == 'b')
        printf("제게 banana 있네요. 받으세요.\n");
        break;
    case 'm':       //else if (ch == 'm')
        printf("제게 mango 있네요. 받으세요.\n");
        break;
    default:        //else
        printf("그것은 없네요. 제게 있는 peach 드릴께요.\n");
    }
    return 0;
}
```

```
드시고 싶은 과일의 첫 영문자를 입력하세요 : b
제게 banana 있네요. 받으세요.
```

```
드시고 싶은 과일의 첫 영문자를 입력하세요 : k
그것은 없네요. 제게 있는 peach 드릴께요.
```

[예제 4.6]에서 case에 break;를 제외한 결과를 보였습니다. switch 선택에서 break의 중요성을 확인하시기 바랍니다.

[예제 4.6] [예제 4.5] switch에서 break가 없는 경우

```
#include <stdio.h>
int main()
{
    char ch;

    printf("드시고 싶은 과일의 첫 영문자를 입력하세요 : ");
    ch = getchar();

    switch(ch) {
    case 'a':         //if (ch == 'a')
        printf("제게 apple 있네요. 받으세요.₩n");
    case 'b':
        printf("제게 banana 있네요. 받으세요.₩n");
    case 'm':
        printf("제게 mango 있네요. 받으세요.₩n");
    default:
        printf("그것은 없네요. 제게 있는 peach 드릴께요.₩n");
    }
    return 0;
}
```

```
드시고 싶은 과일의 첫 영문자를 입력하세요 : a
제게 apple 있네요. 받으세요.
제게 banana 있네요. 받으세요.
제게 mango 있네요. 받으세요.
그것은 없네요. 제게 있는 peach 드릴께요.
```

4.4 do ~ while 반복

do~while 반복은 일단 do의 내부로 들어가서 명령문들을 한 번 수행해 본 다음, 조건식을 검사한 후 다시 반복할 것인지의 여부를 결정합니다. do~while 반복의 형식과 순서도는 [그림 4.6]에, 흐름은 [예제 4.7], [예제 4.8]에 보였습니다.

do~while 형식

```
명령문1;
do {
    명령문2;
    명령문3;
} while(조건식);
명령문4;
```

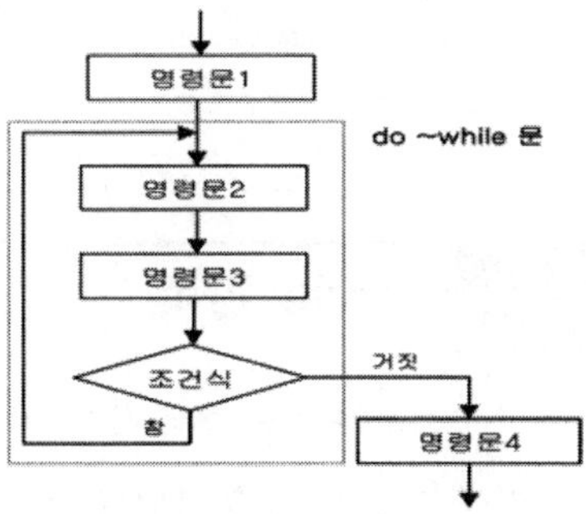

[그림 4.6] do ~ while 형식

[예제 4.7] do ~ while 반복 (정수)

```
#include <stdio.h>
int main()
{
    int a=1, sum = 0;

    do {
        printf("a = %d₩n ", a);
        sum = sum + a;
        a++;
    } while (a <= 4);

    printf("sum = %d₩n", sum);
    return 0;
}
```

```
a = 1
 a = 2
 a = 3
 a = 4
 sum = 10
```

[예제 4.8] do ~ while 반복 (문자)

```
#include <stdio.h>
int main()
{
    char ch = 'a';

    do {
        printf("%c", ch);
        ch++;
    } while (ch <= 'z');
    return 0;
}
```

```
abcdefghijklmnopqrstuvwxyz
```

4.5 while 반복

while 반복은 조건식을 평가하여 그 조건이 참인 동안 while 블록에 종속된 명령문을 반복 실행합니다. while 반복이 do ~ while 반복과 다른 점은, 만약 조건 부분이 처음부터 거짓인 경우에는 while 블록을 한 번도 실행하지 않을 수도 있다는 것입니다. while 반복의 형식과 순서도는 [그림 4.7]에, 흐름은 [예제 4.9], [예제 4.10]에 보였습니다.

while 형식

```
명령문1;
while(조건식) {
    명령문2;
};
명령문3;
```

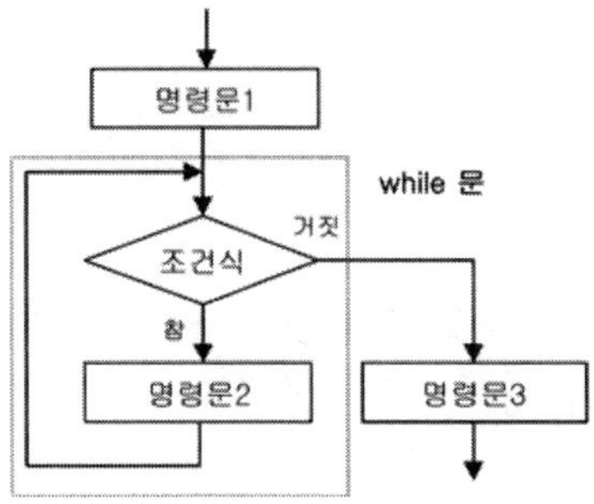

[그림 4.7] while 형식

[예제 4.9] while 반복 (정수)

```
#include <stdio.h>
int main()
{
    int a=1, sum = 0;

    while (a <= 4) {
        printf("a = %d₩n ", a);
        sum = sum + a;
        a++;
    };
    printf("sum = %d₩n", sum);
    return 0;
}
```

```
a = 1
 a = 2
 a = 3
 a = 4
 sum = 10
```

[예제 4.10] while 반복 (문자)

```
#include <stdio.h>
int main()
{
    char ch = 'a';
```

```
abcdefghijklmnopqrstuvwxyz
```

```
    while (ch <= 'z') {
        printf("%c", ch);
        ch++;
    };
    return 0;
}
```

4.6 for 반복

for 반복은 조건식의 값이 참인 동안 for 루프를 계속해서 반복 실행하는 제어문으로 초기식, 조건식, 증감식의 요소로 구성되어 있습니다. 초기식은 반복 루프가 실행되기 전에 초기화 된 변수식을 의미합니다. 조건식은 계속 반복여부를 검사하는 것으로, 조건식이 참이면 for 블록을 실행하게 되며, 반복의 탈출은 조건식이 거짓일 때만 가능합니다. 증감식은 반복이 순환될 때마다 초기식의 증감을 수행합니다. for 반복은 반복 횟수를 미리 알 수 있는 경우에 사용하면 편리합니다. for 반복의 형식과 순서도는 [그림 4.8]에, 흐름은 [예제 4.11], [예제 4.12]에 보였습니다.

for 형식

```
명령문1;
for(초기식; 조건식; 증감식) {
    명령문2;
};
명령문3;
```

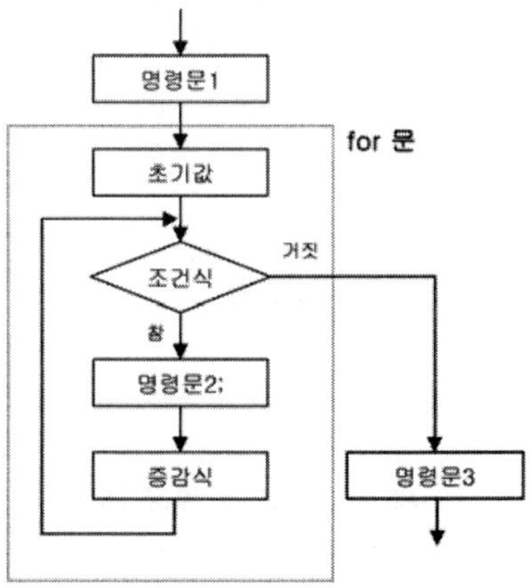

[그림 4.8] for 형식

[예제 4.11] for 반복 (정수)

```
#include <stdio.h>
int main()
{
    int sum = 0;

    for (int a=1; a <= 4; a++) {
        printf("a = %d₩n ", a);
        sum = sum + a;
    };
    printf("sum = %d₩n", sum);
    return 0;
}
```

```
a = 1
 a = 2
 a = 3
 a = 4
 sum = 10
```

[예제 4.12] for 반복 (문자)

```
#include <stdio.h>
int main()
{
    for( char ch = 'a'; ch <= 'z'; ch++) {
        printf("%c", ch);
    };
    return 0;
}
```

```
abcdefghijklmnopqrstuvwxyz
```

for 반복의 초기식, 조건식, 증감식, 명령문으로 이루어지는 기본적인 형태는 모두 생략 가능합니다. [예제 4.13]의 예를 통해 같은 결과를 내지만 서로 다른 생략의 형태를 확인하시기 바랍니다.

[예제 4.13] for 반복의 구문 생략

```
#include <stdio.h>
#include <conio.h>
int main()
{
    char ch;
```

```
    printf("q 문자가 입력되면 문자 반복이 종료됩니다.");

    printf("₩n₩n>> case1");
    printf("₩n 문자를 입력하세요 : ");
    for (ch = getche(); ch != 'q'; ch = getche());

    printf("₩n₩n>> case2");
    printf("₩n 문자를 입력하세요 : ");
    ch = getche();
    for ( ; ch != 'q'; ) {
        ch = getche();
    }

    printf("₩n₩n>> case3");
    printf("₩n 문자를 입력하세요 : ");
    for ( ; getche() != 'q'; );

    return 0;
}
```

```
q 문자가 입력되면 문자 반복이 종료됩니다.

>> case1
 문자를 입력하세요 : abcdq

>> case2
 문자를 입력하세요 : abcdq

>> case3
 문자를 입력하세요 : abcdq
```

4.7 무한 반복

모든 반복은 조건이 참인 경우 무한히 반복할 수 있습니다. 무한 반복을 종료하고자 할 때는 다음 절에서 설명될 break를 이용할 수 있습니다. [표 4.2]에 각각의 반복문에 대한 무한 반복 예를 나타냈습니다.

[표 4.2] 무한 반복 예

반복 분류	종류
do ~ while	do { 명령문; } while(1);
while	while(1) { 명령문; }
for	for(; ;) { 명령문; }

4.8 break, continue

break는 switch 구조에서 완전히 빠져 나오고자 할 때, 반복문에서 탈출하고자 할 때 사용됩니다. 만약 여러 번의 반복이 중첩된 경우 break를 만나게 되면, 그 break와 가장 가까운 반복만 빠져 나오게 됩니다. 따라서 여러 개의 중첩된 반복을 벗어나려면 중첩된 반복의 개수만큼 break 문장이 필요합니다.

[예제 4.14] 반복에서 break 사용

```
#include <stdio.h>
#include <conio.h>
int main()
{
    char ch;

    printf("q 문자가 입력되면 문자 반복이 종료됩니다.₩n");
    printf("문자를 입력하세요 : ");
    while(1) {
        ch = getche();
        if( ch == 'q' ) break;
    };
    return 0;
}
```

```
q 문자가 입력되면 문자 반복이 종료됩니다.
문자를 입력하세요 : abcdq_
```

continue는 반복을 실행하는 도중 continue를 만나면 이후의 문장을 수행하지 않고 다시 반복문의 조건식으로 제어를 옮기는 역할을 합니다. while과 do~while 반복의 내부 블록에서 continue를 만나면 조건을 평가하는 곳으로 이동합니다. 그러나 for 반복의 내부에서 continue를 만나면 증감 부분으로 이동하여 증감을 실행한 후 조건을 평가하는 곳으로 이동합니다.

[예제 4.15]는 10부터 100 사이의 소수를 출력하는 프로그램입니다. continue가 어떻게 사용되었는지 확인해 보시기 바랍니다.

[예제 4.15] 반복에서 continue 사용

```
#include <stdio.h>
int main()
{
    int count=0;

    for(int i=10; i<100; i++) {
        if( !(i%2) ) continue;
        else if( !(i%3) ) continue;
        else if( !(i%5) ) continue;
        else if( !(i%7) ) continue;
        else printf("%d%c", i, (++count%5)? ',' : '₩n');
    }
    return 0;
}
```

```
11,13,17,19,23
29,31,37,41,43
47,53,59,61,67
71,73,79,83,89
97,
```

4.9 선택과 반복 응용

소문자를 입력 받아 대문자로 변경하는 방법을 [예제 4.16]과 [예제 4.17]에 보였습니다. 두 예제는 같은 결과를 출력하지만 작성 방법이 다릅니다. 이렇듯 프로그래밍에는 정답이 하나만 존재하지 않습니다. 개념과 원리를 토대로 창의적 사고를 무한히 펼칠 수 있습니다. C 프로그래밍이 단순히 프로그래밍 언어를 학습하는 것을 넘어 사고의 폭을 넓힐 수 있는 계기가 되기를 바랍니다.

[예제 4.16] 소문자를 입력 받아 대문자로 변경

```
#include <stdio.h>
#include <conio.h>
int main()
{
    char ch_lower, ch_upper;
    printf("소문자를 입력하시면 대문자로 변경합니다.₩n");

    do {
        printf("소문자를 입력하세요(종료 q) : ");
```

```
소문자를 입력하시면 대문자로 변경합니다.
소문자를 입력하세요(종료 q) : c -> C
소문자를 입력하세요(종료 q) : a -> A
소문자를 입력하세요(종료 q) : t -> T
소문자를 입력하세요(종료 q) : q -> Q
```

```
            ch_lower = getche();

            if(ch_lower>='a' && ch_lower<='z') {
                    ch_upper = ch_lower - 'a' + 'A';
            } else {
                    ch_upper = ch_lower;
            }
            printf(" -> %c₩n", ch_upper);
        } while(ch_lower != 'q');

        return 0;
}
```

[예제 4.17]에서는 [예제 4.16]과 같은 결과를 내지만 다른 방식으로 프로그래밍하기 위해서 아래의 두 함수를 사용합니다.

toupper(), tolower(), isalpha()

ctype.h에서 제공하는 라이브러리 함수

int toupper(int a);

- 소문자는 대문자를 반환. 그 외 문자들은 변경 없음.

int tolower(int a);

- 대문자는 소문자를 반환. 그 외 문자들은 변경 없음.

int isalpha(int a)

- 알파벳이면 1을, 그렇지 않으면 0을 반환

[예제 4.17] toupper(), tolower() 응용

```
#include <stdio.h>
#include <conio.h>
#include <ctype.h>
int main()
```

```
소문자를 입력하시면 대문자로 변경합니다.
소문자를 입력하세요(종료 q) : c -> C
소문자를 입력하세요(종료 q) : a -> A
소문자를 입력하세요(종료 q) : t -> T
소문자를 입력하세요(종료 q) : q -> Q
```

```
{
    char ch;
    printf("소문자를 입력하시면 대문자로 변경합니다.\n");

    do {
        printf("소문자를 입력하세요(종료 q) : ");
        ch = getche();
        ch = toupper(ch);
        printf(" -> %c\n", ch);
    } while(tolower(ch) != 'q');

    return 0;
}
```

[예제 4.18]과 [예제 4.19]는 서로 다른 방법으로 이진수를 출력하는 예입니다. 두 예제 모두 비트 AND를 사용하지만 [예제 4.18]에서는 for 반복을 사용하여 첫 번째 비트(MSB)부터 이진수로 바꿔가고, [예제 4.19]에서는 이동 연산자를 사용하여 마지막 비트(LSB)부터 이진수로 변경해 갑니다.

[예제 4.18] for 반복과 비트 AND를 이용한 이진수 출력

```
#include <stdio.h>
int main()
{
    int input;

    do {
        printf("0 ~ 255사이의 정수를 입력하세요 : ");
        scanf("%d", &input);
    } while(input<0 || input>255);

    printf("%d의 이진수는 ", input);

    for (int i = 256; i > 0; i = i / 2) {
        if (input & i) printf("1");
        else printf("0");
    }
    return 0;
}
```

```
0 ~ 255사이의 정수를 입력하세요 : 300
0 ~ 255사이의 정수를 입력하세요 : -5
0 ~ 255사이의 정수를 입력하세요 : 255
255의 이진수는 11111111
```

[예제 4.19] 이동 연산자와 비트 AND를 이용한 이진수 출력

```
0 ~ 255사이의 정수를 입력하세요 : 300
0 ~ 255사이의 정수를 입력하세요 : -5
0 ~ 255사이의 정수를 입력하세요 : 255
255의 이진수는 11111111
```

```
#include <stdio.h>
int main()
{
    int input, bit = 0, binary = 0, place = 1;

    do {
        printf("0 ~ 255사이의 정수를 입력하세요 : ");
        scanf("%d", &input);
    } while(input<0 || input>255);

    printf("%d의 이진수는 ", input);

    while (input >= 1) { //101 & 001 = 1 //10 & 01=0 //1&1=1
        bit = (input & 1) * place;
        binary += bit;
        place *= 10;
        input = input >> 1;
    }
    printf(" %d₩n", binary);

    return 0;
}
```

[예제 4.20]은 2부터 입력 받은 수까지의 정수 중에서 소수(prime number)를 출력하는 프로그램입니다. "소수는 약수로 1과 자기 자신만을 갖는다."는 개념을 적용하여, 2부터 자기 자신까지의 영역에 있는 모든 수로 나누어 본 후 나누어 떨어지는지 아닌지의 여부로 소수를 판별했습니다.

[예제 4.20] 2부터 입력 받은 수까지의 소수 출력

```
#include <stdio.h>
int main()
{
    int num, deno, input, count = 0;

    do {
        printf("2부터 어디까지의 소수를 구할까요? ");
```

```
        scanf("%d", &input);
    } while(input<2);

    printf("₩n2부터 %d 까지의 소수는 ₩n", input);
    for (num = 2; num <= input; num++) {
        for (deno = 2; (num % deno) !=0 ; deno++); //수행문 없음.

        if (deno == num) {
                printf("%5d%c", num, (++count % 10 ? ' ' : '₩n'));
        }
    }
    printf("₩n");

    return 0;
}
```

```
2부터 어디까지의 소수를 구할까요? -200
2부터 어디까지의 소수를 구할까요? 0
2부터 어디까지의 소수를 구할까요? 200

2부터 200 까지의 소수는
    2    3    5    7   11   13   17   19   23   29
   31   37   41   43   47   53   59   61   67   71
   73   79   83   89   97  101  103  107  109  113
  127  131  137  139  149  151  157  163  167  173
  179  181  191  193  197  199
```

4장에서는 선택과 반복에 관련된 내용을 학습 했습니다. 개념 확인 학습, 적용 확인 학습, 응용 프로그래밍을 통해 지금까지 학습한 내용을 점검해 보시기 바랍니다.

제4장 ▸▸▸ 개념 확인 학습

01 C프로그램에서 if는 어떻게 사용하나요?

02 C프로그램에서 switch는 어떻게 사용하나요?

03 C프로그램에서 switch를 사용할 경우 case에 break가 존재할 때와 아닐 때가 어떻게 다른가요?

04 반복 제어 do ~ while과 while의 차이는 무엇인가요?

05 반복 제어 for의 요소들 초기식, 조건식, 증감식, 명령문의 수행 순서는 어떻게 되나요?

06 반복 제어 for의 블록 명령문이 모두 끝나는 시점은 언제인가요?

07 반복 제어 문장에서 break는 언제 사용하나요?

08 반복 제어 문장에서 continue는 언제 사용하나요?

09 while, do~while, for 반복의 내부 블록에서 continue를 만났을 때의 수행과정은 어떻게 되나요?

10 소문자를 대문자로, 대문자를 소문자로 바꾸고 싶을 때는 어떤 함수를 사용하나요?

제4장 ▸▸▸ 적용 확인 학습

01 다음 서술 내용이 바르면 O, 그렇지 않으면 X를 표시 하세요.

A. 선택 제어 if와 else는 반드시 쌍으로 존재해야 한다. ( )

B. if, else if를 사용하면 여러 가지 조건을 검사할 수 있다. ( )

C. switch(정수표현식)에서 정수표현식에는 int, short, char를 반환하는 식이 포함 될 수 있다. ( )

D. switch의 case에는 1, 0과 같이 여러 개의 조건을 검사할 수 있다. ( )

E. break는 반복의 종료에만 사용된다. ( )

F. break는 반복의 종료에 사용되며, 중첩된 모든 반복을 탈출한다. ( )

G. do ~ while 반복은 조건을 먼저 평가하여 반복의 여부를 결정한다. ( )

H. while 반복은 조건을 먼저 평가하여 반복의 여부를 결정한다. ( )

I. for 반복은 조건의 평가에서 종료하게 된다. ( )

J. for(; ;)처럼 for 반복의 괄호 내부의 모든 항목은 생략 가능하다. ( )

K. for반복의 괄호 내부에서 2개의 세미콜론은 반드시 필요하다. ( )

L. do { ... } while(1); while(1) { ... }; for(1) { ... };은 무한 반복을 의미한다. ( )

M. for 반복의 내부에서 continue를 만나면 조건을 평가하는 곳으로 이동한다. ( )

N. switch의 case에 값으로 문자열을 사용할 수 있다. ( )

02 다음에 서술된 문장에 어울리는 프로그램 코드를 완성해 보세요.

A. 문자형 변수 ch가 'a'이면 "apple"을 출력하고, 그렇지 않으면 "fruit"을 출력한다. (switch 사용)

B. 정수형 변수 나이(age)가 12세 미만이면 “놀아 줄까요?”, 12세 이상 20 이하면 “고기 사줄까요?”, 그렇지 않으면 “용돈 드릴까요?”를 출력한다. (if 사용)

C. ‘a’부터 ‘z’까지 출력한다. (do~while, while, for 각각 사용)

D. 1부터 10까지 출력한다. (do~while, while, for 각각 사용)

제4장 ▸▸▸ 응용 프로그래밍

※ 응용 프로그래밍은 다음과 같은 구조로 작성합니다. 번호가 늘어 갈 경우 번호에 해당하는 함수를 만들어 사용합니다.

```
#include <stdio.h>

void ex_02(void) {
   //응용 프로그래밍 2번은 ex_02() 내부에 작성합니다
}
void ex_03(void) {
   //printf("응용 프로그래밍 3번은 ex_03() 내부에 작성합니다.
}
int main() {
   ex_02();
   ex_03();
   return 0;
}
```

01 입력 받은 정수가 음수인지 양수인지 판별하세요. (if 사용)

```
정수를 입력하세요 : 5
양수입니다.
```

```
정수를 입력하세요 : -5
음수입니다.
```

02 입력 받은 정수를 2로 나눈 몫이 10보다 크면 "OK" 그렇지 않으면 "NOK"를 출력하는 프로그램을 작성하세요. (switch 사용)

```
정수를 입력하세요 : 22
OK
```

03 숫자를 입력 받아 입력 받은 숫자들을 모두 더하는 프로그램을 작성하세요. 단, 입력 받은 수가 -100이하 100이상이면 반복을 종료하고 입력 받은 숫자들의 합을 출력하세요.

```
숫자를 입력하세요 : 22.22
숫자를 입력하세요 : 55
숫자를 입력하세요 : 11.1
숫자를 입력하세요 : 1000
-100이상 100이하 숫자들의 합 = 88.32
```

04 문자를 입력 받아 화면에 출력하는 작업을 반복하는 프로그램을 작성하세요. 단, 입력 받은 문자가 'q' 또는 'Q' 이면 반복을 종료합니다.

```
문자를 입력하세요 : applebananaorangeq
```

05 입력 받은 정수를 2진수로 변환하여 출력하는 프로그램을 작성하세요.

```
정수를 입력하세요 : 64
2진수는 = 1000000
```

```
정수를 입력하세요 : 15
2진수는 = 1111
```

06 입력 받은 정수를 2진수로 만들 때 1이 나타나는 횟수를 출력하세요. (단, 나누기와 나머지 연산자 사용 금지)

```
정수를 입력하세요 : 64
2진수로 만들 때 1이 나타나는 횟수 = 1
```

```
정수를 입력하세요 : 15
2진수로 만들 때 1이 나타나는 횟수 = 4
```

07 10부터 입력 받은 정수까지의 수에서 2, 3, 5, 7의 배수를 제외한 수를 한 행에 10 개씩 출력하는 프로그램을 작성하세요.

```
정수를 입력하세요 : 9
정수를 입력하세요 : 5
정수를 입력하세요 : 55
 11  13  17  19  23  29  31  37  41  43
 47  53
```

08 입력 받은 알파벳 문자부터 'Z'까지 한 행에 5 개씩 출력하세요. 단, 입력 받은 알파벳 문자는 대소문자 여부에 관계없이 대문자로 사용합니다.

```
알파벳 입력 : @
알파벳 입력 : !
알파벳 입력 : r
R S T U V
W X Y Z
```

09 실행화면을 참고하여 프로그램을 작성하세요.

```
k미만의 알파벳입력(q는 종료, k이상은 다시 입력) : c
abc
k미만의 알파벳입력(q는 종료, k이상은 다시 입력) : k
k미만의 알파벳입력(q는 종료, k이상은 다시 입력) : h
abcdefgh
k미만의 알파벳입력(q는 종료, k이상은 다시 입력) : q
  q입력으로 종료
```

10 실행화면을 참고하여 프로그램을 작성하세요.

```
문자입력(알파벳과 숫자 이외의 문자 입력 시 종료) : c
소문자입니다
문자입력(알파벳과 숫자 이외의 문자 입력 시 종료) : 1
숫자 입니다. 지금까지 숫자들의 합=1
문자입력(알파벳과 숫자 이외의 문자 입력 시 종료) : 5
숫자 입니다. 지금까지 숫자들의 합=6
문자입력(알파벳과 숫자 이외의 문자 입력 시 종료) : B
대문자입니다
문자입력(알파벳과 숫자 이외의 문자 입력 시 종료) : #
  알파벳과 숫자 이외의 문자를 입력하여 종료합니다.
```

11 이 문제의 힌트를 실행화면의 맨 마지막 줄 '765432101234567'을 예로 들어 설명 드리겠습니다. 숫자들이 수직선상에 놓여 있고, 0의 왼쪽은 음수, 오른쪽은 양수라고 생각해보세요. 그렇게 생각하면 음수부터 양수까지 출력을 한 것입니다. 이제 남은 문제는 음수의 부호를 어떻게 빼는가 하는 것입니다. 음수의 부호는 절대 값을 알려주는 abs() 함수를 사용하여 없앨 수 있습니다. abs()는 stdlib.h를 필요로 합니다. 이제 실행화면을 참고하여 프로그램을 작성하세요.

```
       0
      101
     21012
    3210123
   432101234
  54321012345
 6543210123456
765432101234567
```

12 실행화면을 참고하여 사용자가 입력한 개수만큼 알파벳을 입력 받아 알파벳 순서에서 'm'과 가장 가까운 문자를 출력하는 프로그램을 작성하세요. 단, 입력 받은 알파벳 문자는 대소문자 여부에 관계없이 소문자로 사용합니다.

```
반복횟수입력: 4

문자입력: t
문자입력: h
문자입력: b
문자입력: k

m과 가장 가까운 문자는 = k
```

제5장

배열

Chapter 05 배열

배열은 같은 자료형의 데이터를 여러 개 모아놓은 것입니다. 예를 들어 어느 상점에서 매달 매일매일 초코 아이스크림이 몇 개 팔리는지 저장해 놓고 싶다고 가정해 보겠습니다. 한 달은 최대 31일 이므로 choco_ice_1부터 choco_ice_31까지 31개의 정수형 변수를 선언해 두어야 할까요? 가능은 하겠습니다만, 만일 1년 단위로 저장을 한다면 365개의 변수가 필요할겁니다. 이러한 방식으로 처리를 하다 보면 필요한 변수의 수가 무한히 늘어날 것입니다. 그래서 같은 자료형의 데이터를 하나의 이름에 동시에 저장할 수 있는 방법을 생각하게 되었고, 그 방법이 배열입니다.

5.1 배열의 형식

배열이란 같은 데이터형의 여러 변수들을 하나의 대표 변수명에 모아놓은 변수의 집합 형태라고 정의할 수 있습니다. 이렇게 집합의 형태로 사용하면 하나의 구조화된 변수명을 사용하게 되어 효율적으로 프로그래밍 할 수 있고, 기억장소의 일괄처리도 가능하게 됩니다. 배열을 선언하는 형식은 다음과 같습니다. 배열은 배열의 요소 즉, 인덱스([ ])의 내부에 적힌 수만큼 변수를 가지고 있다는 뜻이 됩니다.

배열의 형식

데이터형 배열이름[배열 원소의 수];

- 데이터형은 배열에 저장될 데이터들이 갖는 자료형이다.
- 배열이름은 변수들의 집합을 대표하는 이름이다.
- 배열 원소의 수는 배열이 가지는 요소의 개수를 의미한다.

배열의 선언 예

```
int in[10]; //in[0], in[1], ... in[9] 까지 10개의 정수를 저장할 수 있다.
char ch[10] //ch[0], ... ch[9] 까지 10개의 문자를 저장할 수 있다.
```

일반 변수와 배열의 활용 비교

• 일반 변수를 사용한 예

```
in0=5; in1=4; in2=3; in3=2; in4=1;
```

• 배열을 사용한 예

```
int in[5];
in[0]=5; in[1]=4; in[2]=3; in[3]=2; in[4]=1;
```

int in[10]; 배열이 선언되었다면, int 자료형의 크기로 10개만큼의 기억장소가 in 배열명을 갖고 할당(sizeof(int) bytes ×10)된 것을 의미합니다. 이 경우 배열의 첫 번째 요소는 in[0]이고, 배열의 마지막 요소는 in[9]입니다. 배열 원소의 수는 배열이 가지는 요소의 개수를 의미하며, 그 수는 sizeof(배열이름)/sizeof(데이터형)으로 계산할 수 있습니다. [그림 5.1]에 배열의 선언에 따른 기억장소의 할당을 보였습니다.

<table>
<tr><td></td><td>1byte</td><td>1byte</td><td>1byte</td><td>1byte</td><td>1byte</td><td>1byte</td><td>1byte</td><td>1byte</td></tr>
<tr><td>char ch[2];</td><td>ch[0]</td><td>ch[1]</td><td></td><td></td><td></td><td></td><td></td><td></td></tr>
<tr><td>short sho[2];</td><td colspan="2">sho[0]</td><td colspan="2">sho[1]</td><td></td><td></td><td></td><td></td></tr>
<tr><td>int in[2];</td><td colspan="4">in[0]</td><td colspan="4">in[1]</td></tr>
</table>

[그림 5.1] 배열에 할당된 기억장소

5.2 배열의 참조

배열의 이름은 배열의 시작 주소를 가리킵니다. 배열의 첫 번째 주소가 변경되면 배열을 참조할 수 없기 때문에 배열의 이름에는 증감 연산을 사용할 수 없습니다. 즉, 배열의 이름에는 어떠한 변형도 허락되지 않는다는 이야기입니다. 배열은 주소로도 값으로도 그 내용을 참조할 있기 때문에 [표 5.1]에 배열의 값과 주소에 대한 각각의 표현법을 나타냈습니다.

[표 5.1] 배열의 값과 주소

int in[5];					
값 대입	in[0]=1	in[1]=3	in[2]=5	in[3]=7	in[4]=9
값	in[0]	in[1]	in[2]	in[3]	in[4]
주소	&in[0]	&in[1]	&in[2]	&in[3]	&in[4]
주소	in	in+1	in+2	in+3	in+4
값	*in	*(in+1)	*(in+2)	*(in+3)	*(in+4)

[예제 5.1] 배열의 값과 주소

```
#include 〈stdio.h〉
int main()
{
    int in[5];

    for (int i=0; i〈sizeof(in)/sizeof(int); i++) {
        printf("정수를 입력하세요 : ");
        scanf("%d", &in[i]);
    }

    for (int i=0; i〈sizeof(in)/sizeof(int); i++) {
        printf("in[%d]=%d, *(in+%d)=%d₩n", i, in[i], i, *(in+i));
    }
    for (int i=0; i〈sizeof(in)/sizeof(int); i++) {
        printf("&in[%d]=%d, (in+%d)=%d₩n", i, &in[i], i, (in+i));
    }
    return 0;
}
```

```
정수를 입력하세요 : 5
정수를 입력하세요 : 4
정수를 입력하세요 : 3
정수를 입력하세요 : 2
정수를 입력하세요 : 1
in[0]=5, *(in+0)=5
in[1]=4, *(in+1)=4
in[2]=3, *(in+2)=3
in[3]=2, *(in+3)=2
in[4]=1, *(in+4)=1
&in[0]=6422272, (in+0)=6422272
&in[1]=6422276, (in+1)=6422276
&in[2]=6422280, (in+2)=6422280
&in[3]=6422284, (in+3)=6422284
&in[4]=6422288, (in+4)=6422288
```

5.3 문자와 문자열

C프로그램에서 문자를 다루는 방법은 문자와 문자열 두 가지가 있습니다. 문자는 말 그대로 하나하나의 문자를 이야기 합니다. 문자는 지금까지 우리가 char 자료형으로 사용했던 것이고요, 배열과 관계가 있는 것은 문자열입니다.

문자열은 반드시 그 끝에 널(NULL) 문자('₩0')가 존재하는 문자들의 집합을 말하며, 이 널 문자는 문자열이 끝나는 지점을 나타내는 역할을 합니다. 문자들의 집합을 큰따옴표("")로 묶으면 널 문자의 추가는 자동으로 이루어집니다. 그러므로 어떤 하나의 문자를 저장할 때 'a'로 저장하느냐 "a"로 저장하느냐는 커다란 차이가 존재합니다. 왜냐하면 전자는 문자이고 후자는 문자열이기 때문입니다. 'a'로 저장한 경우에는 기억장소가 1byte 필요 하지만, "a"로 저장하려면 마지막 위치에 자동으로 추가되는 널 문자를 포함해 최소 2bytes가 필요합니다. 따라서 문자열은 배열에 저장하는 형태로 사용할 수밖에 없습니다. 아래에 문자와 문자열의 차이에 대해 정리했습니다.

문자

- 하나의 문자를 작은따옴표('')로 묶어 사용한다.
- 예 : 'a', 'F', '3' , '₩n' (제어문자상수)
- 사용법 :

```
char ch = 'a'; //1byte의 기억장소가 필요하다.
```

문자열

- 여러 개의 문자들을 큰따옴표("")로 묶어 사용한다.
- "fruit", "coffee", "ice_cream"
- 사용법 :

```
char ch[2] = "a"; //널 문자 포함 최소 2bytes 필요
char str[10] = "fruit"; //널 문자 포함 최소 6bytes 필요
```

문자열에 끝에 존재하는 널(NULL) 문자('₩0')는 문자열이 끝나는 지점을 나타내기 때문에 문자열이 아무리 길다 해도 널 문자가 있는 부분이 문자열의 끝이 됩니다.

널(NULL) 문자('₩0')의 위치에 따른 문자열의 길이

문자열의 길이 = 5	f	r	u	i	t	₩0	i	c	e
문자열의 길이 = 3	c	a	t	₩0	d	o	g	₩0	?

문자는 문자형 변수를 사용하고, 문자열은 문자열형 배열을 사용하기 때문에 [표 5.2]에 각각의 입출력 방법을 설명했습니다.

[표 5.2] 문자와 문자열의 입출력 방법

구분	문자	문자열
변환문자	%c	%s
선언	char ch;	char str[10];

입력 예	scanf("%c", &ch);	scanf("%s", str);
		//scanf()는 공백문자(space), 탭(tab), 엔터(enter)를 만나기 전까지의 문자열만을 읽는다.
		//문자열 마지막에 널('₩0')을 추가해 저장한다.

	ch = getchar();
	ch = getche();
		gets(str);
		//gets()는 엔터(enter)까지의 문자열을 모두 읽어 마지막에 있는 엔터(enter)를 널('₩0')로 바꿔 저장한다.
		//일반적으로 문자열을 입력받을 때에는 gets()를 사용한다.

출력 예	printf("%c", ch);	printf("%s", str); //문자열의 시작 주소(str)에 있는 값부터 널('₩0')을 만날 때 까지 출력한다.
	putchar(ch)	puts(str);

[예제 5.2]에서처럼 사용자로부터 문자열을 입력 받을 때에는 몇 개의 문자를 입력할지 알 수 없기 때문에 충분히 큰 크기의 문자 배열을 사용하는 것이 좋습니다.

[예제 5.2] 배열과 문자열

```
#include <stdio.h>
int main()
{
    char ch, str[50];
    int i=0, count=0;

    printf("문자열을 입력하세요 : ");
    gets(str);
    printf("문자를 입력하세요 : ");
    ch = getchar();

    while(str[i]) {
        if(str[i] == ch) {
                count++;
        }
        i++;
    }
    printf("%s중 %c는 %d개 입니다₩n", str, ch, count);
    return 0;
}
```

```
문자열을 입력하세요 : Fruit is truth.
문자를 입력하세요 : r
Fruit is truth.중 r는 2개 입니다
```

5.4 배열의 초기화

배열의 선언 시 정적(static) 또는 외부(extern)로 선언된 배열 변수는 자동으로 각 데이터 형에 따라 0과 NULL('₩0')로 자동 초기화 됩니다. 그러나 일반(auto) 배열 변수는 스택 메모리에 기억장소가 할당되므로 이전의 쓰레기 값을 가지게 됩니다. 따라서 배열을 이용할 때에는 배열의 기능에 따라 적절하게 초기화를 해주어야 합니다. 배열의 초기화 방법은 다음과 같습니다.

정수형 배열

int num[3] = {1, 2, 3};

num[0]	num[1]	num[2]
1	2	3

문자형 배열

char ch[6] = {'c', 'o', 'f', 'f', 'e', 'e'}
char ch[] = {'c', 'o', 'f', 'f', 'e', 'e'}

ch[0]	ch[1]	ch[2]	ch[3]	ch[4]	ch[5]
c	o	f	f	e	e

문자열형 배열

char str[] = "coffee";

ch[0]	ch[1]	ch[2]	ch[3]	ch[4]	ch[5]	ch[6]
c	o	f	f	e	e	₩0

배열의 크기를 정해주지 않으면 컴파일러가 배열의 크기를 자동 결정합니다. 문자열인 경우에는 마지막에 NULL('₩0')이 자동으로 추가됩니다.

[예제 5.3] 초기화 하지 않은 배열

```
#include <stdio.h>
int main()
{
    static char static_str[5];
    char auto_str[5];

    static int static_in[5];
    int auto_int[5];

    for (int i = 0; i < 1; i++) {
        printf("static_str[%d] = %c₩n", i, static_str[i]);
        printf("auto_str[%d] = %c₩n", i, auto_str[i]);
        printf("static_in[%d] = %d₩n", i, static_in[i]);
        printf("auto_int[%d] = %d₩n", i, auto_int[i]);
    }
    return 0;
}
```

```
static_str[0] =
auto_str[0] =
static_in[0] = 0
auto_int[0] = 1996779501
```

5.5 2차원 배열

2차원 배열은 행과 열로 구성되는 행렬(Matrix)의 형태입니다. 정수형 2차원 배열의 선언과 초기화는 다음과 같습니다.

int a[3][4]; //a[행][열]

행, 시작주소	0열	1열	2열	3열
0행, a[0]	a[0][0]	a[0][1]	a[0][2]	a[0][3]
1행, a[1]	a[1][0]	a[1][1]	a[1][2]	a[1][3]
2행, a[2]	a[2][0]	a[2][1]	a[2][2]	a[2][3]

- int a[3][4] = {
  {1, 2, 3, 4}, //0행
  {5, 6, 7, 8}, //1행
  {9, 10, 11, 12} }; //2행

- int a[][4] = {1, 2, 3, 4, 5, 6, 7, 8, 9, 10, 11, 12}; //열의 개수에 따라 행의 수는 자동으로 인식 된다.

- int a[ ][4] = { //열의 개수는 반드시 지정해 주어야 한다.
  {1, 2, 3, 4}, //0행
  {5, 6, 7, 8}, //1행
  {9, 10, 11, 12} }; //2행

- int a[3][4] = {
  {1, 2}, //1, 2, 0, 0
  {5}, //5, 0, 0, 0
  {9, 10, 11} }; //9, 10, 11, 0

문자열형 2차원 배열의 선언과 초기화는 다음과 같습니다. 행의 수만큼 문자열이 들어갈 수 있습니다.

char s[3][5]; //s[행][열]

행, 시작주소	0열	1열	2열	3열	4열
0행, s[0]	s[0][0]	s[0][1]	s[0][2]	s[0][3]	s[0][4]
1행, s[1]	s[1][0]	s[1][1]	s[1][2]	s[1][3]	s[1][4]
2행, s[2]	s[2][0]	s[2][1]	s[2][2]	s[2][3]	s[2][4]

- char s[3][5] = {“my”, “your”, “his”};

- char s[][5] = {“my”, “your”, “his”};
  //문자열의 개수에 따라 행의 수는 자동으로 인식 된다.
  //열의 개수는 반드시 지정해 주어야 한다.

행, 시작주소	0열	1열	2열	3열	4열
0행, s[0]	m	y	₩0	?	?
1행, s[1]	y	o	u	r	₩0
2행, s[2]	h	i	s	₩0	?

[예제 5.4]와 [예제 5.5]는 2차원 배열의 사용 예입니다. 배열의 행과 열의 크기를 어떻게 구했는지, 각 행의 값과 주소는 어떻게 사용하는지 살펴보시기 바랍니다.

[예제 5.4] 2차원 배열 (정수형)

```
sum = 78
```

```
#include <stdio.h>
int main()
{
    int sum = 0;
    int a[3][4] = {
        {1, 2, 3, 4},
        {5, 6, 7, 8},
        {9, 10, 11, 12} };

    for (int i = 0; i < sizeof(a) / sizeof(a[0]); i++) {
        for (int j = 0; j < sizeof(a[0]) / sizeof(int); j++) {
                sum += a[i][j];
```

```
        }
    }
    printf("sum = %d₩n", sum);
    return 0;
}
```

[예제 5.5] 2차원 배열 (문자열형)

```
#include <stdio.h>
int main()
{
    char s[][5] = {"my", "your", "his"};

    for (int i = 0; i < sizeof(s) / sizeof(s[0]); i++) {
        printf("s[%d] = %s₩n", i, s[i]);
    }
    return 0;
}
```

```
s[0] = my
s[1] = your
s[2] = his
```

5.6 다차원 배열

다차원 배열은 배열의 요소가 2개 이상인 배열을 의미합니다. C 언어에서는 일반적으로 1, 2차원 배열이 주로 사용됩니다. 다차원 배열의 형식은 다음과 같습니다.

다차원 배열 형식

데이터형 배열명[크기1][크기2]; //2차원 배열
데이터형 배열명[크기1][크기2][크기3]; //3차원 배열
데이터형 배열명[크기1], ..., [크기n]; //n차원 배열

다차원 배열 의미

- 2차원 배열 : int a[4][5];
- 3차원 배열 : int b[3][4][5]; //[4]x[5]의 2차원 배열이 3개 존재
- 4차원 배열 : int c[2][3][4][5]; //[3]x[4]x[5]의 3차원 배열이 2개 존재

아래는 3차원 배열의 초기화 예입니다. 2차원 배열의 초기화와 유사하게 면, 행, 열을 구분하여 초기화하면 됩니다.

3차원 배열 사용 예

int a[2][3][4]; //a[면][행][열]

a[0][ ][ ]; //0면

	0열	1열	2열	3열
0행	a[0][0][0]	a[0][0][1]	a[0][0][2]	a[0][0][3]
1행	a[0][1][0]	a[0][1][1]	a[0][1][2]	a[0][1][3]
2행	a[0][2][0]	a[0][2][1]	a[0][2][2]	a[0][2][3]

a[1][ ][ ]; //1면

	0열	1열	2열	3열
0행	a[1][0][0]	a[1][0][1]	a[1][0][2]	a[1][0][3]
1행	a[1][1][0]	a[1][1][1]	a[1][1][2]	a[1][1][3]
2행	a[1][2][0]	a[1][2][1]	a[1][2][2]	a[1][2][3]

3차원 배열의 초기화

```
int a[2][3][4] = {
  { {1, 2, 3, 4 }, {5, 6, 7, 8}, {9, 10, 11, 12} }, //0면
  { {13, 14, 15, 16}, {17, 18, 19, 20}, {21, 22, 23, 24} } //1면
 };
```

[예제 5.6] 3차원 정수 배열의 초기화와 활용

```
#include <stdio.h>
int main()
{
    int a[2][3][4] = {
        {{1, 2, 3, 4}, {5, 6, 7, 8}, {9, 10, 11, 12}},
        {{13, 14, 15, 16}, {17, 18, 19, 20}, {21, 22, 23, 24}}
    };
    for (int i = 0; i < sizeof(a)/sizeof(a[0]); i++) {
```

```
            for (int j = 0; j < sizeof(a[0])/sizeof(a[0][0]); j++) {
                    for (int k = 0; k < sizeof(a[0][0])/sizeof(int); k++) {
                            printf("a[%d][%d][%d]=%3d, ", i, j, k, a[i][j][k]);
                    }
                    puts("");
            }
            puts("");
        }
        return 0;
}
```

```
a[0][0][0]= 1, a[0][0][1]= 2, a[0][0][2]= 3, a[0][0][3]= 4,
a[0][1][0]= 5, a[0][1][1]= 6, a[0][1][2]= 7, a[0][1][3]= 8,
a[0][2][0]= 9, a[0][2][1]=10, a[0][2][2]=11, a[0][2][3]=12,

a[1][0][0]=13, a[1][0][1]=14, a[1][0][2]=15, a[1][0][3]=16,
a[1][1][0]=17, a[1][1][1]=18, a[1][1][2]=19, a[1][1][3]=20,
a[1][2][0]=21, a[1][2][1]=22, a[1][2][2]=23, a[1][2][3]=24,
```

아래 [예제 5.7]에서 3차원 배열을 사용해 이름과 전화번호를 저장했지만, 이러한 응용을 위해 3차원 문자열 배열을 사용하지는 않습니다. 이 예제는 단지 예시를 보여드린 것뿐입니다. 8장의 구조체를 배우게 되면 이러한 문제는 쉽게 풀립니다. 구조체 단원에서도 배열이 자주 사용되니 1, 2차원의 배열은 까지는 잘 공부해 두시기 바랍니다.

[예제 5.7] 3차원 문자열형 배열의 초기화와 활용

```
#include <stdio.h>
int main()
{
        char phone[][2][15] = {
            "benny", "010-123-1234",
            "daniel", "010-345-3456",
            "joon", "010-789-7890",
            "", "" }; //문자열 배열의 마지막을 알기위해 NULL을 추가
        int i=0;

        while (phone[i][0][0]) { //널 문자열을 만날 때까지 반복한다.
            printf("이름=%s, 전화번호=%s₩n", phone[i][0], phone[i][1]);
            i++;
        }
```

```
이름=benny, 전화번호=010-123-1234
이름=daniel, 전화번호=010-345-3456
이름=joon, 전화번호=010-789-7890
```

```
    return 0;
}
```

5.7 배열 응용

[예제 5.8]은 입력 받은 수들을 배열에 저장한 후 평균을 구하는 예입니다. 사용자가 어떤 자료형의 데이터를 입력할지 알 수 없고, 평균을 구할 때에는 나눗셈을 수행하므로 입력 받은 수들을 저장하는 배열은 double로 설정했습니다.

[예제 5.8] 입력 받은 값의 평균 구하기

```
#include <stdio.h>
int main()
{
    double sum=0, num[5];
    for (int i=0; i<sizeof(num)/sizeof(double); i++) {
        printf("숫자를 입력하세요 : ");
        scanf("%lf", num+i);
    }
    for (int i=0; i<sizeof(num)/sizeof(double); i++) {
        sum += num[i];
    }
    printf("평균은 = %lf", sum/(sizeof(num)/sizeof(double)));
    return 0;
}
```

```
숫자를 입력하세요 : 2
숫자를 입력하세요 : 2
숫자를 입력하세요 : 2
숫자를 입력하세요 : 1
숫자를 입력하세요 : 1
평균은 = 1.600000
```

[예제 5.9]는 배열에 저장된 정수들 중 소수만 찾아내 출력하는 예입니다.

[예제 5.9] 배열의 내용에서 소수 찾기

```
#include <stdio.h>
int main()
{
    int num[] = { 5, 7, 22, 53, 88, 71, 101};
    int deno, input, count = 0;
```

```
배열은    5    7   22   53   88   71  101
소수는    5    7   53   71  101
```

```
        printf("₩n 배열은 ");
        for (int i=0; i<sizeof(num)/sizeof(int); i++) {
            printf("%5d", num[i]);
        }
        printf("₩n 소수는 ");
        for (int i=0; i<sizeof(num)/sizeof(int); i++) {
            for (deno=2; (num[i] % deno) !=0 ; deno++); //수행문 없음.

            if (deno == num[i]) {
                    printf("%5d", num[i]);
            }
        }
        return 0;
}
```

[예제 5.10]은 입력된 숫자들의 빈도수를 알려주는 프로그램입니다. 0부터 9까지만 입력을 받기위해 getche()를 사용해 숫자들을 문자로 입력 받아 프로그램 내부에서 정수로 변환 해 사용했습니다. 또한 입력된 숫자들이 배열의 인덱스로 사용되어, 입력될 때 마다 그 배열의 값을 하나씩 점차적으로 늘려가도록 했습니다.

[예제 5.10] 입력된 숫자들의 빈도수 출력

```
#include <stdio.h>
#include <conio.h>
int main()
{
        char ch;
        int frequency[10] = { 0 };

        printf("숫자가 아니면 반복이 종료됩니다.₩n");
        printf("0에서 9까지의 정수를 입력하세요.₩n");

        do {
            ch = getche();
            if(ch<='0' || ch>'9') break;
            frequency[ch-'0']++;
        } while(1);
```

```
숫자가 아니면 반복이 종료됩니다.
0에서 9까지의 정수를 입력하세요.
33333366666999
3는 6회 입력하셨습니다.
6는 5회 입력하셨습니다.
9는 3회 입력하셨습니다.
```

```
    for(int i=0; i<10; i++) {
        if(frequency[i])
            printf("₩n%d는 %d회 입력하셨습니다.", i, frequency[i]);
    }
    return 0;
}
```

[예제 5.11]은 사용자가 아무 문자도 입력하지 않을 때까지 문자열을 입력받아 문자열의 길이를 출력하는 예입니다. gets() 문자열 입력은 엔터(enter)까지 입력받아, 엔터(enter)를 널('₩0')로 변환해 저장하기 때문에 사용자가 아무것도 입력하지 않은 상태에서 엔터(enter)를 치면 배열에는 널('₩0')만 저장되어 입력 여부를 쉽게 파악할 수 있습니다.

[예제 5.11] 입력 받은 문자열의 길이 구하기

```
#include <stdio.h>
int main()
{
    char str[30];
    int i;
    while (1) {
        printf("₩n문자열 입력 : ");
        gets(str);

        if (str[0] == '₩0') break;

        for (i=0; str[i]; i++);
        printf("문자열의 길이는 = %d", i);
    }
    return 0;
}
```

```
문자열 입력 : apple
문자열의 길이는 = 5
문자열 입력 : I like C.
문자열의 길이는 = 9
문자열 입력 :
```

[예제 5.12]는 사용자가 입력한 문자열을 또 다른 배열에 복사하는 예입니다. 어떤 문자열의 처음부터 끝까지, 즉 널('₩0')을 만날 때까지 다른 배열에 복사하게 되면 마지막 널('₩0')은 복사되지 않습니다. 그러나 모든 문자열은 마지막에 널('₩0')이 존재해야 하므로 복사를 마치고 난 이후, 널('₩0')을 추가해야만 문자열의 복사가 완성됩니다.

[예제 5.12] 입력 받은 문자열 복사

```
#include <stdio.h>
int main()
{
        char stra[30], strb[30];
        int i;

        printf("₩n문자열 입력 : ");
        gets(stra);

        for (i = 0; stra[i]; i++) {
            strb[i] = stra[i];
        }
        strb[i] = '₩0';
        printf("복사된 문자열 = %s", strb);

        return 0;
}
```

```
문자열 입력 : I like C.
복사된 문자열 = I like C.
```

5장에서는 선택과 반복에 관련된 내용을 학습 했습니다. 개념 확인 학습, 적용 확인 학습, 응용 프로그래밍을 통해 지금까지 학습한 내용을 점검해 보시기 바랍니다.

제5장 ▸▸▸ 개념 확인 학습

01 배열의 의미는 무엇인가요?

02 배열을 선언하는 형식은 어떻게 되나요?

03 int in[5];처럼 선언된 배열이 메모리에서 차지하는 영역은 얼마나 되나요?

04 배열의 시작 주소는 어떻게 알 수 있나요?

05 배열에서 값을 표현하는 방법과 주소를 표현하는 방법은 어떻게 다른가요?

06 문자와 문자열은 어떻게 다른가요?

07 문자열의 끝은 어떻게 알 수 있나요?

08 문자열을 입력 받기 위해 사용하는 방법에는 어떤 것들이 있나요?

09 정수 배열은 어떻게 초기화 하나요?

10 문자열 배열은 어떻게 초기화 하나요?

11 이차원 배열이란 무엇인가요?

12 이차원 문자열 배열은 어떻게 초기화 하나요?

제5장 ▸▸▸ 적용 확인 학습

01 다음 서술 내용이 바르면 O, 그렇지 않으면 X를 표시 하세요.

A. 배열의 값을 접근하기 위한 인덱스는 1부터 시작한다. ( )

B. 배열의 이름은 배열의 시작주소이다. ( )

C. 배열의 두 번째 원소의 시작 주소는 배열이름+1 이다. ( )

D. 다양한 문자들 중간 중간에 널('₩0')문자 여러 개를 포함해 저장하면 문자열이 된다. ( )

E. 문자의 마지막에는 널('₩0')이 존재해야 한다. ( )

F. 문자열을 저장하기 위해서는 반드시 배열이 필요하다. ( )

G. scanf("%s", 문자열_시작주소);는 사용자가 입력한 문자열 그대로를 입력 받게 해 준다. ( )

H. C 언어는 문자열을 저장하기 위한 자료형을 따로 제공하지 않기 때문에 char 자료형의 배열을 사용한다. ( )

I. 2차원 배열의 초기화 시 행의 수는 반드시 지정해 주어야 한다. ( )

J. 이차원 배열선언에서 첫 번째 대괄호에는 배열의 열 크기, 두 번째에는 배열의 행 크기를 지정한다. ( )

K. char baby[] = {'b', 'a', 'b', 'y'}; 는 문자열이다. ( )

02 다음에 서술된 문장에 어울리는 프로그램 코드를 완성해 보세요.

A. size에는 배열의 원소 수를 저장한다.

```
int num[5];

int size =
```

B. size에는 배열의 행의 수를 저장한다.

```
int num[4][5];
int size =
```

C. double형 배열 dou를 선언하면서 값 2.1, 3.7, 4.87, 5.89로 초기화한다.

D. 문자열 배열 str을 선언하면서 “coffee”로 초기화 한다.

E. 문자열 배열 str을 선언하면서 “he”, “his”, “him”으로 초기화 한다.

제5장 ▸▸▸ 응용 프로그래밍

※ 응용 프로그래밍은 다음과 같은 구조로 작성합니다. 번호가 늘어 갈 경우 번호에 해당하는 함수를 만들어 사용합니다.

```
#include <stdio.h>

void ex_02(void) {
    //응용 프로그래밍 2번은 ex_02() 내부에 작성합니다
}
void ex_03(void) {
    //printf("응용 프로그래밍 3번은 ex_03() 내부에 작성합니다.
}
int main() {
    ex_02();
    ex_03();
    return 0;
}
```

01 실행화면을 참고하여, 문자 4개를 저장하는 배열을 선언하고 사용자로부터 문자를 입력 받아 저장하고 출력하세요.

```
문자입력 : m
문자입력 : o
문자입력 : o
문자입력 : n
입력된 문자 = moon
```

02 실행화면을 참고하여, 문자열 1개를 저장하는 배열을 선언하고 사용자로부터 문자열을 입력 받아 저장하고 출력하세요.

```
문자열입력 : rainy
입력된 문자열 = rainy
```

03 실행화면을 참고하여 사용자로부터 문자열을 1개를 입력 받아 그 문자열의 길이를 출력하세요.

```
문자열입력 : apple
  입력된 문자열 길이=5
```

04 실행화면을 참고하여, 사용자로부터 문자열을 입력 받아 그 문자열의 길이를 출력하는 작업을 반복하세요. 단, 〈Enter키〉만을 입력 받으면 반복을 종료합니다.

```
문자열 입력 : apple
    입력된 문자열의 길이=5
문자열 입력 : banana
    입력된 문자열의 길이=6
문자열 입력 : orange
    입력된 문자열의 길이=6
문자열 입력 : 〈Enter키〉
```

05 실행화면을 참고하여, 문자열과 문자를 입력 받아 문자열에서 문자가 몇 개 인지 출력하는 작업을 반복하세요. 단, 〈Enter키〉만을 입력 받으면 반복을 종료합니다.

```
문자열입력 : coffee
문자입력 : f
    coffee에서 f는 2개.
문자열입력 : ice cream
문자입력 : h
    ice cream에서 h는 0개.
문자열입력 : 〈Enter키〉
```

06 실행화면을 참고하여, stra 배열에 문자열을 입력 받아 strb배열에 거꾸로 저장한 후 두 배열을 출력하세요.

```
문자열입력 : coffee
stra = coffee
strb = eeffoc
```

07 실행화면을 참고하여, 문자열 2개를 입력 받아 두 문자열이 같은지 다른지 비교하는 프로그램을 작성하세요.

```
문자열입력 : apple
문자열입력 : apples
apple, apples, 다름.
```

```
문자열입력 : apple
문자열입력 : apple
apple, apple, 같음.
```

08 실행화면을 참고하여, 문자열 2개를 입력 받아 두 문자열이 같은지 다른지 비교하는 작업을 반복하세요. 단, 〈Enter키〉만을 입력 받으면 반복을 종료합니다. (1차원 문자열 배열 사용 금지)

```
문자열입력 : apple
문자열입력 : apples
    apple, apples, 다름.
문자열입력 : apple
문자열입력 : apple
    apple, apple, 같음.
문자열입력 : 〈Enter키〉
```

09 실행화면을 참고하여, 정수 4개를 저장하는 from배열을 선언하고 사용자로부터 정수를 입력 받아 다음과 같이 수행되는 프로그램을 작성하세요.

```
정수입력 : 2
정수입력 : 4
정수입력 : 5
정수입력 : 6

합=17
가장 큰 수=6
가장 작은 수=2
```

10 실행화면을 참고하여, 위 9번의 일차원 배열 from을 to배열에 복사하고 두 배열의 내용을 출력하세요.

```
정수입력 : 2
정수입력 : 4
정수입력 : 5
정수입력 : 6

from배열: 2, to배열:2
from배열: 4, to배열:4
from배열: 5, to배열:5
from배열: 6, to배열:6
```

11 0에서 4까지의 정수 중에서 10개를 입력 받아 가장 많이 입력 받은 수는 무엇이고, 몇 번인지 출력하세요.

```
0에서 4까지의 정수 입력 : 55007722223344
가장 많이 입력 받은 수 = 2
입력 횟수 = 4
```

12 실행화면을 참고하여, 정수를 입력 받아 2진수로 변환하는 프로그램을 작성하세요. 0을 입력하면 반복을 종료합니다. (단, 배열을 꼭 사용합니다. 문자열형 배열을 사용하면 편리합니다.)

```
정수입력 : 8
    입력된 8의 이진수는 1000
정수입력 : 32
    입력된 32의 이진수는 100000
정수입력 : 0
```

제6장

포인터

Chapter

06 포인터

포인터(Pointer)란 임의의 기억장소(메모리)에 대한 주소를 가리키며 포인터 변수는 메모리 주소를 저장할 수 있는 변수를 의미합니다. 데이터가 저장된 기억장소의 주소 값을 포인터 변수가 갖게 되면, 그 주소에 해당하는 값은 포인터 연산자를 이용하여 간접적으로 참조할 수 있습니다. 포인터 변수의 선언은 *(asterisk)를 사용하며 형식은 다음과 같습니다.

6.1 포인터의 의미와 사용

포인터 변수의 선언은 *(asterisk)를 사용하며 형식은 다음과 같습니다.

포인터의 형식

```
데이터형  *포인터변수명;
```

포인터 변수의 선언 예

```
char *pch;                      //문자형 포인터 변수 pch를 선언
int *pi;                        //정수형 포인터 변수 pi를 선언
double *pd;                     //실수형 포인터 변수 pd를 선언
```

위에서 pch는 문자형(char) 데이터의 포인터 변수를 선언한 것으로, pch의 자료형이 문자형이 아니라 pch가 가리키는 곳의 자료형이 문자형임을 의미합니다. pi와 pd도 역시 가리키는 곳의 자료형이 각각 정수형과 실수형임을 나타냅니다.

포인터와 관련된 연산자에는 주소연산자(&) 와 간접 참조연산자(*)가 있습니다.

[표 6.1] 포인터 연산자

연산자	기능
&	일반 변수의 주소를 추출해주는 연산자.
*	포인터 변수가 가리키고 있는 주소에 들어있는 값. 즉, 번지에 있는 값을 참조하는 연산자.

프로그램에서 사용되는 일반 변수들은 주기억장치라는 메모리에 저장됩니다. 이때 효율적인 메모리 관리를 위해 컴퓨터는 메모리에 바이트 단위로 고유한 주소를 부여합니다. 따라서 사용자가 프로그램을 구현할 때 이 메모리의 주소를 이용할 수 있습니다. 이 때 사용되는 것이 주소 연산자(&)입니다.

간접 참조연산자(*) 연산자는 포인터 변수를 선언할 때와. 포인터 변수가 가리키고 있는 주소에 들어있는 실제 값을 참조할 때 사용됩니다. 포인터 변수가 가리키는 곳의 값을 참조할 때는 포인터 변수가 가리키는 주소에서부터 각 자료형의 크기만큼의 데이터를 참조하게 됩니다.

포인터 변수의 메모리 구조 예

```
char ch='A', *pch;
pch = &ch;
//*pch는 'A'가 됨.

int i=100, *pi;
pi = &i;
//*pi는 100이 됨.
```

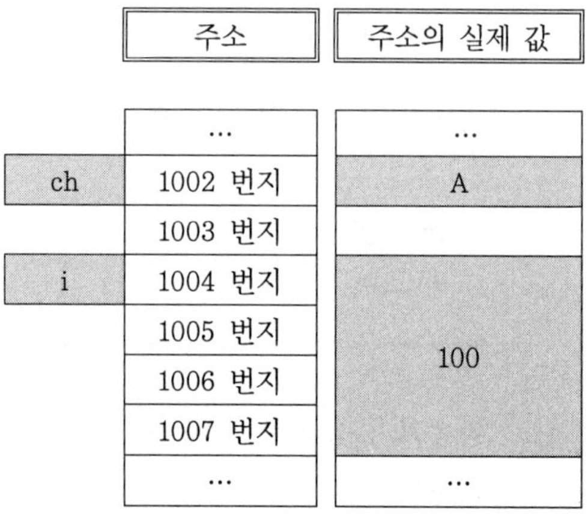

[예제 6.1] 포인터 연산자의 사용

```
#include 〈stdio.h〉
int main()
{
    int i = 100, *pi;

    pi = &i;
    printf("i의 주소 = %ld₩n", pi);
    printf("i의 값 = %ld₩n", *pi);
    return 0;
}
```

```
i의 주소 = 6422296
i의 값 = 100
```

다음 [그림 6.1]은 포인터 연산에 대한 주소와 값의 관계를 설명합니다.

```
int *p;     //포인터 변수 *p 선언
int x, y;   //일반 변수 x, y 선언
x = 55;     //일반 변수 x에 55 값을 대입
p = &x;     //일반 변수 x의 주소 값을 포인터 변수 p에 대입
y = *p;     //포인터 p 가리키는 곳의 실제 값을 y에 대입
            //결국 일반 변수 y에는 55의 값이 대입 됨.
```

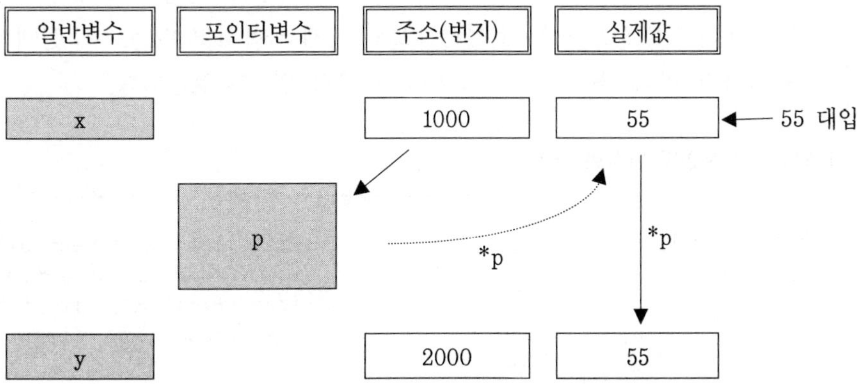

[그림 6.1] 포인터 연산에 대한 주소와 값의 관계

[예제 6.2]에서 [그림 6.1]의 내용을 직접 확인해 보겠습니다.

[예제 6.2] 포인터를 이용한 값의 복사

```
#include <stdio.h>
int main()
{
    int *p, x, y;

    x = 55;
    p = &x;
    y = *p;

    printf("x의 주소 = %u₩n", &x);
    printf("p의 주소 = %u₩n", p);
    printf("y의 주소 = %u₩n", &y);

    printf("x의 값 = %u₩n", x);
    printf("*p의 값 = %u₩n", *p);
    printf("y의 값 = %u₩n", y);
    return 0;
}
```

```
x의 주소 = 6422296
p의 주소 = 6422296
y의 주소 = 6422292
x의 값 = 55
*p의 값 = 55
y의 값 = 55
```

포인터 변수는 주소를 가리키는 용도로 사용되는 변수이기 때문에 어떤 자료형의 변수를 참조한다 하여도 그 크기는 메모리에서 주소 사용하고 있는 byte의 크기가 됩니다. [예제 6.3]을 통해 확인해보면 현재 사용하고 있는 시스템에서는 주소를 표현하기 위해 4bytes를 사용하고 있음을 알 수 있습니다.

[예제 6.3] 포인터 변수의 크기

```
#include <stdio.h>
int main()
{
    int i = 1, *pi;
    char c = 'a', *pc;
    float f = 0.1, *pf;
    double d = 0.1, *pd;

    pi = &i;  pc = &c;  pf = &f;  pd = &d;

    printf("sizeof(int)=%d, sizeof(pi)=%d₩n", sizeof(int), sizeof(pi));
    printf("sizeof(char)=%d, sizeof(pc)=%d₩n", sizeof(char), sizeof(pc));
```

```
sizeof(int)=4, sizeof(pi)=4
sizeof(char)=1, sizeof(pc)=4
sizeof(float)=4, sizeof(pf)=4
sizeof(double)=8, sizeof(pd)=4
```

```
    printf("sizeof(float)=%d, sizeof(pf)=%d₩n", sizeof(float), sizeof(pf));
    printf("sizeof(double)=%d, sizeof(pd)=%d₩n", sizeof(double), sizeof(pd));
    return 0;
}
```

포인터 변수의 자료형은 객체의 처리 방법을 결정하기 때문에 포인터의 형과 포인터가 가리키는 자료형은 같아야 합니다.

[예제 6.4] 포인터의 자료형

```
#include <stdio.h>
int main()
{
    int x;
    double *px;

    px = &x;          //ERROR : 포인터 px에 정수 x의 주소를 치환한다.
                      //int는 double보다 저장 길이가 짧다.
    *px = 100.23;     //포인터를 이용하여 x에 값을 치환할 수 없다.
    printf("x = %d", x);
    return 0;
}
```

```
      7 |   px = &x;
        |        ^
x = 1374389535
```

포인터 변수는 무엇인가를 가리키고 있고, 그곳에 값을 저장하는 형태로 사용하기 때문에 주소를 갖지 않는 포인터를 사용하면 문제가 발생할 수 있습니다. 어떤 것도 가리키지 않은 포인터를 사용할 때에는 NULL로 초기화해야 하며, 이러한 형태의 포인터를 널 포인터(Null Pointer)라고 합니다.

널 포인터(Null Pointer)

어떤 것도 가리키지 않은 포인터

널 포인터 의미

```
#define NULL ((void *)0)
//(void *)는 아직 결정되지 않은 자료형의 주소
//<stdio.h>에 정의되어 있는 포인터 상수로서 0번지의 주소 값을 의미
```

널 포인터 사용

```
int *p=NULL;
```

6.2 포인터 연산

포인터 변수와 관련된 연산식에 사용되는 연산자는 '+', '++', '-', '--'로 정수만을 더하거나 뺄 수 있습니다. 그런데 포인터 연산은 일반적인 연산과 달리 포인터의 기초형과 관련되어 수행됩니다. 더하거나 뺄 때 자료형의 크기만큼 주소 값이 증가하거나 감소하게 됩니다. 즉, 더하기 1을 한다고 해도 자료형에 따라 char이면 sizeof(char) byte만큼, int이면 sizeof(int) bytes만큼 증가하거나 감소합니다.

포인터 연산의 의미

```
int i=100, *pi;
pi = &i;
pi++; //pi = pi + 1;
//pi가 가리키는 메모리 주소를 대상체의 자료형 크기만큼 증가시킨다. 대상체
가 정수형이므로 sizeof(int)=4bytes 증가하게 된다. 즉, 다음 위치의 정수를
가리킨다.
```

포인터 변수는 주소도 값도 참조할 수 있기 때문에 증감 연산자와 함께 사용할 때 주의가 필요합니다.

[표 6.2] 포인터 변수와 증감 연산자와의 관계

연산 형태	의미
(*p)++	현재 가리키고 있는 곳의 값을 1증가 시킨다.
*p++	*p; p++; 두 문장의 결합과 같다. 값을 참조한 후(*p), 주소를 증가시켜(p++) 다음 원소를 가리킨다.
*(p+1)	주소를 증가시켜 다음 원소를 가리킨 후, 그곳의 값을 참조한다.
*++p	p++; *p; 두 문장의 결합과 같다. 주소를 증가시켜(p++) 다음 원소를 가리킨 후, 그곳의 값(*p)을 참조한다.

[예제 6.5], [예제 6.6]은 포인터 연산의 이해를 돕기 위한 예입니다.

[예제 6.5] 포인터 연산과 메모리 주소

```
#include <stdio.h>
int main()
{
    char *cp, ch;
    int *ip, i;
    double *dp, d;

    cp = &ch;  ip = &i;  dp = &d;
    printf("cp = %p, ip = %p, dp= %p₩n", cp, ip, dp); //현재의 주소

    cp++;  ip++;  dp++; //포인터 증가

    printf("cp++=%p, ip++=%p, dp++=%p₩n", cp, ip, dp); //새로운 주소
    return 0;
}
```

```
cp = 0061FF13, ip = 0061FF0C, dp= 0061FF00
cp++=0061FF14, ip++=0061FF10, dp++=0061FF08
```

[예제 6.6] 포인터 연산

```
#include <stdio.h>
int main()
{
    char *p, ch='A';

    p = &ch;
    for (int i = 0; i < 20; i++) {
        printf("%c", (*p) + i);
    }
    return 0;
}
```

```
ABCDEFGHIJKLMNOPQRST
```

6.3 배열과 포인터

포인터와 배열은 아주 밀접한 관계를 가지고 있습니다. 배열명은 그 배열의 선두 번지를 가리키는 일종의 포인터 상수이기 때문에 인덱스(Index)를 이용한 배열의 접근은 포인터를 사용하여 표현할 수 있습니다. 단, 포인터 변수는 수정 가능하지만, 배열명은 배열의 첫 번째 요소를 참조하는 고정된 주소를 갖습니다. 포인터 변수에 배열의 주소를 치환하게 되면, 배열의 참조는 포인터 연산자를 이용하여, 반대로 포인터 변수는 배열과 같은 방법으로 사용할 수 있게 됩니다. 따라서 배열과 포인터의 관계를 적절하게 이용하면 프로그램 작성 시 유용하게 사용할 수 있습니다.

[표 6.3] 포인터와 배열의 값과 주소

int in[5], *p; p=in; //배열의 시작 주소를 포인터변수에 저장					
값	in[0]	in[1]	in[2]	in[3]	in[4]
값	p[0]	p[1]	p[2]	p[3]	p[4]
값	*in	*(in+1)	*(in+2)	*(in+3)	*(in+4)
값	*p	*(p+1)	*(p+2)	*(p+3)	*(p+4)
주소	&in[0]	&in[1]	&in[2]	&in[3]	&in[4]
주소	&p[0]	&p[1]	&p[2]	&p[3]	&p[4]
주소	in	in+1	in+2	in+3	in+4
주소	p	p+1	p+2	p+3	p+4

[예제 6.7], [예제 6.8]은 배열과 포인터의 이해를 돕기 위한 예입니다.

[예제 6.7] 포인터를 이용한 배열의 접근 (정수형)

```
*p = 5, (*p)++ = 6, *(p++) = 7
```

```
#include <stdio.h>
int main()
{
      int *p, array[] = {1, 3, 5, 7, 9, 11};

      p = &array[2];

      printf("*p = %d, ", *p);
```

```
    (*p)++;
    printf("(*p)++ = %d, ", *p);

    *(p++);
    printf("*(p++) = %d₩n", *p);
    return 0;
}
```

[예제 6.8] 포인터를 이용한 배열의 접근 (문자열형)

```
#include <stdio.h>
int main()
{
    char *p, str[] = "rainy";

    p = str;

    printf("p의 주소 = %u, 값 = %c₩n", p, *p);
    printf("str의 주소 = %u, 값 = %c₩n", str, str[0]);
    printf("p+1의 주소 = %u, 값 = %c₩n", p+1, *(p+1));
    printf("str+1의 주소 = %u, 값 = %c₩n", str+1, str[1]);

    printf("str = ");
    while(*p) {
        printf("%c", *p);
        p++;
    }
    return 0;
}
```

```
p의 주소 = 6422294, 값 = r
str의 주소 = 6422294, 값 = r
p+1의 주소 = 6422295, 값 = a
str+1의 주소 = 6422295, 값 = a
str = rainy
```

6.4 문자열 상수 포인터

문자열을 처리할 때 배열을 사용할 수도 있지만 포인터 변수로도 문자열의 처리가 가능합니다. 문자열에 대한 포인터의 초기화 형식은 다음과 같습니다. 컴파일러가 문자열을 만나면 프로그램의 문자열 테이블에 저장하고 그 문자열에 대한 포인터를 생성합니다. 아래의 형식에서 "포인터변수명"은 문자열이 저장되어있는 기억장소의 시작번지를 갖게 되며, 문자열은 "포인터변수명"이 가리키고 있는 주소에서부터 순서적으로 저장됩니다. 아래 예에서와 같이 포인터 변수에 저장된 문자열의 마지막에는 자동적으로 널 문자('₩0')가 추가되어 문자열의 끝을 알 수 있게 됩니다.

문자열에 대한 포인터의 초기화 형식

```
데이터형  *포인터변수명 = "문자열";
```

문자열에 대한 포인터 예

```
char *p_string = "C Programming"; //문자열의 길이는 널 포함 14
```

6.5 이차원 배열과 포인터

일차원 배열을 포인터로 다룰 수 있었던 것처럼 이차원 배열도 포인터로 접근할 수 있습니다. 일차원 배열의 주소를 포인터 변수에 저장했던 것처럼, 이차원 배열의 주소를 배열포인터에 저장하면 됩니다.

일차원 배열과 포인터

```
int num[5], *p;
p = num;

char str[10], *p;
p = str;
```

이차원 배열과 포인터

```
int nums[][5], (*p)[5]; //이 때 괄호는 반드시 필요합니다.
p = nums;

char strs[][10], (*p)[10]; //이 때 괄호는 반드시 필요합니다.
p = strs;
```

[예제 6.9] 이차원 배열과 포인터 예

```
#include <stdio.h>
int main()
{
    int num[][5] = {9, 8, 7, 6, 5, 4, 3, 2, 1};
    int(*pn)[5];
    char strs[][10] = {"red", "green", "yellow"};
    char(*ps)[10];

    pn = num;
    ps = strs;

    printf("pn[0][0]=%d, *((pn[0])+0)=%d, *(*(pn+0)+0)=%d₩n",
           pn[0][0], *((pn[0]) + 0), *(*(pn + 0) + 0));

    for (int i = 0; i < sizeof(num) / sizeof(num[0]); i++) {
        for (int j = 0; j < sizeof(num[0]) / sizeof(int); j++) {
                printf("%3d", *(*(pn + i) + j));
        }
    }
    puts("");
    for (int i = 0; i < sizeof(strs) / sizeof(strs[0]); i++) {
        printf("%10s", *(ps + i));
    }
    return 0;
}
```

```
pn[0][0]=9, *((pn[0])+0)=9, *(*(pn+0)+0)=9
  9  8  7  6  5  4  3  2  1  0
       red     green    yellow
```

6.6 포인터 배열

포인터 배열은 포인터들로 구성된 배열로 포인터 형의 변수가 배열의 요소가 되는 경우를 말합니다.

포인터 배열 형식

데이터형 *포인터명[포인터개수];

포인터 배열 예

```
float fa, fb, fc;
float *pf[3] = { &fa,  &fb,  &fc };
```

[예제 6.10] 포인터 배열

```
#include <stdio.h>
int main()
{
    float fa = 1.1, fb = 2.2, fc = 3.3;
    float *pf[3] = {&fa, &fb, &fc};

    printf("*(pf[0])=%.2f, *(*(pf+1))=%.2f, *(*(pf+2))=%.2f₩n",
           *(pf[0]), *(*(pf+1)), *(*(pf+2)));

    for (int i = 0; i < 3; i++) {
        printf("실수입력 : ");
        scanf("%f", pf[i]);
    }
    printf("fa=%.2f, fb=%.2f, fc=%.2f₩n", fa, fb, fc);

    return 0;
}
```

```
*(pf[0])=1.10, *(*(pf+1))=2.20, *(*(pf+2))=3.30
실수입력 : 5.5
실수입력 : 6.6
실수입력 : 7.7
fa=5.50, fb=6.60, fc=7.70
```

배열의 요소로 길이가 다른 문자열을 여러 개 사용할 때 포인터 배열이 유용하게 쓰일 수 있습니다. 문자열 여러 개를 배열로 저장할 경우에는 가장 긴 문자열에 기준해서 배열의 크기를 정해 주어야 하지만, 포인터 배열인 경우에는 각각의 문자열 길이에 따라 크기가 정해집니다. 따라서 포인터 배열은 길이가 일정하지 않은 문자열 배열을 나타낼 때 메모리의 손실을 줄일 수 있는 장점이 있습니다.

문자열 배열 및 메모리 구조

```
char nums[3][6] = {"zero", "one", "three"};
```

	[0]	[1]	[2]	[3]	[4]	[5]
nums[0]	z	e	r	o	₩0	?
nums[1]	o	n	e	₩0	?	?
nums[2]	t	h	r	e	e	₩0

포인터 배열 및 메모리 구조

char *pnums[3] = {"zero", "one", "three"};

	[0]	[1]	[2]	[3]	[4]	[5]
pnums[0]	z	e	r	o	₩0	
pnums[1]	o	n	e	₩0		
pnums[2]	t	h	r	e	e	₩0

[예제 6.11] 포인터 배열 (문자열)

```
#include <stdio.h>
int main()
{
    char a[3][6] = {"red", "green", "yellow"};
    char *b[] = {"red", "green", "yellow"};
    int size = sizeof(a)/sizeof(a[0]);

    for (int i = 0; i < size; i++) {
        printf("a[%d]=%s, ", i, a[i]);
    }
    puts("");
    for (int i = 0; i < size; i++) {
        printf("b[%d]=%s, ", i, b[i]);
    }
    puts("");
    for (int i = 0; i < size; i++) {
        printf("*(b+%d)=%s, ", i, *(b+i));
    }
    return 0;
}
```

```
a[0]=red, a[1]=green, a[2]=yellow,
b[0]=red, b[1]=green, b[2]=yellow,
*(b+0)=red, *(b+1)=green, *(b+2)=yellow,
```

6.7 다중 포인터

다중 간접참조는 포인터 변수가 가리키는 주소를 다시 또 가리키는 다중 구조를 말합니다. 흔히 사용되는 이중 포인터는 번지를 두 번 참조해서 원하는 자료가 저장된 주소를 찾아갑니다. 이중 포인터 변수의 형식은 다음과 같습니다.

이중 포인터 형식

데이터형 **포인터명;

이중 포인터 예

```
char **p;
//**p : *p가 가리키고 있는 주소(값)에 저장된 값을 의미한다.
//*p : p가 가리키고 있는 주소에 저장된 값(주소)을 의미한다.
```

이중 포인터 메모리 블록도 예

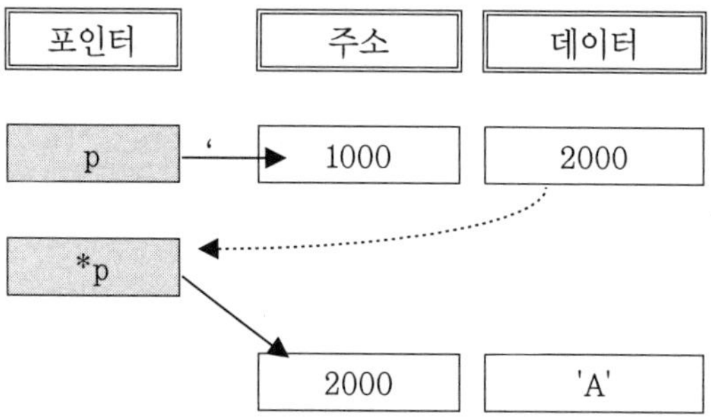

[예제 6.12] 이중 포인터

```
#include <stdio.h>
int main()
{
    int *ptr1, **ptr2;
    int num = 300;

    ptr1 = &num;
    ptr2 = &ptr1;

    printf("num=%d, *ptr1=%d, **ptr2=%d\n", num, *ptr1, **ptr2);
    return 0;
}
```

```
num=300, *ptr1=300, **ptr2=300
```

6.8 포인터 응용

이번 절에서는 5.7절의 배열 응용에서 다루었던 문제들을 포인터로 바꾸어 보겠습니다.

[예제 6.13]은 포인터를 이용하여 입력 받은 수들을 배열에 저장한 후 평균을 구하는 예입니다. 사용자가 어떤 자료형의 데이터를 입력할지 알 수 없고, 평균을 구할 때에는 나눗셈을 하게 되기 때문에 입력 받은 수들을 저장하는 변수를 double로 설정했습니다.

[예제 6.13] 포인터를 사용하여 입력 받은 값의 평균을 구하기

```
#include <stdio.h>
int main()
{
    double sum=0, num[5], *p;
    p=num;
    for (int i=0; i<sizeof(num)/sizeof(double); i++) {
        printf("숫자를 입력하세요 : ");
        scanf("%lf", p+i);
    }
    for (int i=0; i<sizeof(num)/sizeof(double); i++) {
        sum += *(p+i);
    }
    printf("평균은 = %lf", sum/(sizeof(num)/sizeof(double)));
    return 0;
}
```

```
숫자를 입력하세요 : 2
숫자를 입력하세요 : 2
숫자를 입력하세요 : 2
숫자를 입력하세요 : 1
숫자를 입력하세요 : 1
평균은 = 1.600000
```

[예제 6.14]는 포인터를 이용하여 배열에 저장된 정수들 중 소수만 찾아내 출력하는 예입니다.

[예제 6.14] 포인터를 사용하여 배열의 내용에서 소수 찾기

```
#include <stdio.h>
int main()
{
    int num[] = { 5, 7, 22, 53, 88, 71, 101}, *p;
```

```
배열은    5    7    22    53    88    71    101
소수는    5    7    53    71    101
```

```
    int deno, input, count = 0;

    p=num;

    printf("₩n 배열은 ");
    for (int i=0; i<sizeof(num)/sizeof(int); i++) {
        printf("%5d", *(p+i));
    }
    printf("₩n 소수는 ");
    for (int i=0; i<sizeof(num)/sizeof(int); i++) {
        for (deno=2; (*(p+i) % deno) !=0 ; deno++); //수행문 없음.

        if (deno == *(p+i)) {
                printf("%5d", *(p+i));
        }
    }
    return 0;
}
```

[예제 6.15]는 입력된 숫자들의 빈도수를 알려주는 프로그램입니다. 0부터 9까지만 입력을 받기위해 getche()를 사용해 숫자들을 문자로 입력 받아 프로그램 내부에서 정수로 변환 해 사용했습니다. 또한 입력된 숫자들이 배열의 인덱스로 사용되어, 입력될 때 마다 그 배열의 값을 하나씩 점차적으로 늘려가도록 했습니다.

[예제 6.15] 포인터를 사용하여 입력된 숫자들의 빈도수 출력

```
#include <stdio.h>
#include <conio.h>
int main()
{
    char ch;
    int frequency[10] = { 0 }, *p;

    p = frequency;

    printf("숫자가 아니면 반복이 종료됩니다.₩n");
    printf("0에서 9까지의 정수를 입력하세요.₩n");

    do {
```

```
숫자가 아니면 반복이 종료됩니다.
0에서 9까지의 정수를 입력하세요.
33333366666999
3는 6회 입력하셨습니다.
6는 5회 입력하셨습니다.
9는 3회 입력하셨습니다.
```

```
        ch = getche();
        if(ch<'0' || ch>'9') break;
        p[ch-'0']++;
    } while(1);

    for(int i=0; i<10; i++) {
        if(*(p+i))
            printf("\n%d는 %d회 입력하셨습니다.", i, *(p+i));
    }
    return 0;
}
```

[예제 6.16]은 사용자가 아무 문자도 입력하지 않을 때까지 문자열을 입력받아 문자열의 길이를 출력하는 예입니다. gets() 문자열 입력은 엔터(enter)까지 입력받아, 엔터(enter)를 널('\0')로 변환해 저장하기 때문에 사용자가 아무것도 입력하지 않은 상태에서 엔터(enter)만 입력하면 배열에는 널('\0')이 저장되어 입력 여부를 쉽게 파악할 수 있습니다.

[예제 6.16] 포인터를 사용하여 입력 받은 문자열의 길이 구하기

```
#include <stdio.h>
int main()
{
    char str[30], *p;
    int i;

    while (1) {
        p=str; //p는 변화하므로 언제나 배열의 시작을 가리키게 함.
        printf("\n문자열 입력 : ");
        gets(p);

        if (*p == '\0') break;

        for (i=0; *p; i++, p++);
        printf("문자열의 길이는 = %d", i);
    }
    return 0;
}
```

```
문자열 입력 : apple
문자열의 길이는 = 5
문자열 입력 : I like C.
문자열의 길이는 = 9
문자열 입력 :
```

[예제 6.17]은 사용자가 입력한 문자열을 또 다른 배열에 복사하는 예입니다. 하나의 문자열에서 널('₩0')을 만날 때까지 다른 배열에 복사하게 되면 마지막 널('₩0')은 복사되지 않습니다. 그러나 모든 문자열은 마지막에 널('₩0')이 존재해야 하므로 복사를 마치고 난 이후, 널('₩0')을 추가해야만 문자열의 복사가 완성됩니다.

[예제 6.17] 포인터를 사용하여 입력 받은 문자열 복사하기

```
#include <stdio.h>
int main()
{
    char stra[30], strb[30], *sa, *sb;

    sa = stra;
    sb = strb;

    printf("₩n문자열 입력 : ");
    gets(sa);

    while(*sa) {
        *sb = *sa;
        sa++;
        sb++;
    };
    *sb = '₩0';
    printf("복사된 문자열 = %s", strb);

    return 0;
}
```

```
문자열 입력 : I like C.
복사된 문자열 = I like C.
```

6장에서는 포인터와 관련된 내용을 학습 했습니다. 개념 확인 학습, 적용 확인 학습, 응용 프로그래밍을 통해 지금까지 학습한 내용을 점검해 보시기 바랍니다.

제6장 ▸▸▸ 개념 확인 학습

01 포인터란 무엇인가요?

02 포인터 변수 int *p;에서 *p 와 p의 차이점은 무엇인가요?

03 포인터 변수의 크기는 어떻게 정해지나요?

04 포인터의 형과 포인터가 가리키는 자료형은 왜 같아야 하나요?

05 널 포인터(Null Pointer)란 무엇인가요?

06 포인터 변수와 관련된 연산 식에 사용되는 연산자에는 어떤 것들이 있나요?

07 포인터 연산과 일반적인 연산과 다른 점은 무엇인가요?

08 (*p)++; 의미는 무엇인가요?

09 *(p+1)의 의미는 무엇인가요?

10 포인터 변수를 이용하여 일반 변수의 내용을 접근하고자 할 때 반드시 필요한 작업은 무엇인가요?

11 이차원 배열을 포인터로 접근하려면 포인터는 어떻게 선언되어야 하나요?

12 포인터 배열이란 무엇인가요?

13 포인터 배열을 사용할 때의 장점은 무엇인가요?

14 다중 포인터란 어떤 의미인가요?

제6장 ▸▸▸ 적용 확인 학습

01 다음 서술 내용이 바르면 O, 그렇지 않으면 X를 표시 하세요.

A. 일반 변수를 포인터를 사용하여 접근 하려면 반드시 자료형이 같은 포인터 변수에 주소를 저장한 후 사용해야 한다. ( )

B. 배열의 이름은 배열의 주소이므로 배열을 포인터를 사용하여 접근 하려면 포인터 변수에 배열의 이름을 대입하면 된다. ( )

C. 포인터 변수의 크기는 자료형에 따라 다르다. ( )

D. ((void *)0)란 아직 결정되지 않은 자료형의 주소를 나타낸다. ( )

E. int *p;로 선언된 포인터 변수에서 p++;의 의미는 포인터 변수가 가리키고 있는 곳의 값을 1증가시키는 것이다. ( )

F. int *p;로 선언된 포인터 변수에서 p++;을 수행하면 주소를 1byte 증가시킨다. ( )

G. int *p;로 선언된 포인터 변수에서 *(p+1)의 의미는 주소를 증가시켜 다음 원소를 가리킨 후, 그곳의 값을 참조한다. ( )

H. 같은 자료형 타입의 배열과 포인터는 주소 치환이후 배열은 포인터처럼, 포인터는 배열처럼 사용할 수 있다. ( )

I. 문자열 상수를 만들 때에는 배열을 이용하지 않고 포인터만을 이용해도 가능하다. ( )

J. int nums[3][5];의 이차원 배열을 접근하기 위한 포인터의 선언은 int(*p)[5];의 형태를 가지며, 이 때 괄호가 반드시 필요한 것은 아니다. ( )

K. 포인터 배열은 포인터들로 구성된 배열로 포인터 형의 변수가 배열의 요소가 되는 경우를 말한다. ( )

L. 포인터 배열은 길이가 일정하지 않은 문자열 배열을 나타낼 때 메모리의 손실을 줄일 수 있는 장점이 있다. ( )

M. 이중 포인터는 번지를 두 번 참조해서 원하는 자료가 저장된 주소를 찾아간다. ( )

02 다음에 서술된 문장에 어울리는 프로그램 코드를 완성해 보세요.

A. 정수형 변수에 사용자가 입력한 정수를 저장하고 포인터를 이용하여 출력한다.

```
int num, *p;
```

B. 문자열형 변수에 사용자가 입력한 문자열을 저장하고 포인터를 이용하여 출력한다.

```
char str
```

C. 정수배열 변수에 사용자가 입력한 정수 다섯 개를 저장하고 포인터를 이용하여 출력한다.

```
int num
```

D. 문자배열 변수에 사용자가 입력한 문자 다섯 개를 저장하고 포인터를 이용하여 출력한다.

```
char str
```

E. 문자열배열 변수에 사용자가 입력한 문자열 다섯 개를 저장하고 포인터를 이용하여 출력한다.

```
char str
```

제6장 ▸▸▸ 응용 프로그래밍

※ 응용 프로그래밍은 다음과 같은 구조로 작성합니다. 번호가 늘어 갈 경우 번호에 해당하는 함수를 만들어 사용합니다.

```
#include <stdio.h>

void ex_02(void) {
    //응용 프로그래밍 2번은 ex_02() 내부에 작성합니다
}
void ex_03(void) {
    //printf("응용 프로그래밍 3번은 ex_03() 내부에 작성합니다.
}
int main() {
    ex_02();
    ex_03();
    return 0;
}
```

01 double형 source 1차원 배열을 다음과 같이 초기화한 후, 포인터를 사용하여 target 배열에 복사하고, 두 배열의 내용을 출력하세요. 배열크기는 sizeof()로 계산합니다.

double source [] = {1.21, 3.43, 5.65, 7.87, 8.98}; 저장하고 출력하세요.

```
source = 1.21, 3.43, 5.65, 7.87, 8.98,
target = 1.21, 3.43, 5.65, 7.87, 8.98,
```

02 double source [] = {1.21, 3.43, 5.65, 7.87, 8.98}; 초기화 된 배열의 모든 원소에 사용자로부터 입력받은 값을 더해 출력하는 프로그램을 포인터를 이용하여 작성하세요.

```
source = 1.21, 3.43, 5.65, 7.87, 8.98,
source 각 원소에 더할 값 입력 : 0.1
target = 1.31, 3.53, 5.75, 7.97, 9.08,
```

03 사용자로부터 문자열을 1개를 입력 받아 포인터를 이용하여 그 문자열의 길이를 출력하세요.

```
문자열입력 : apple
    입력된 문자열 길이=5
```

04 사용자로부터 문자열을 입력 받아 포인터를 이용하여 그 문자열의 길이를 출력하는 작업을 반복하세요. 단, 〈Enter키〉만을 입력 받으면 반복을 종료합니다.

```
문자열입력 : apple
    입력된 문자열 길이=5
문자열입력 : banana
    입력된 문자열 길이=6
문자열입력 : orange
    입력된 문자열 길이=6
문자열입력 : 〈Enter키〉
```

05 문자열과 문자를 입력 받아 문자열에서 문자가 몇 개 인지 출력하는 작업을 반복하세요. 단, 포인터를 이용해서 작성하며, 〈Enter키〉만을 입력 받으면 반복을 종료합니다.

```
문자열입력 : coffee
문자입력 : f
    coffee에서 f는 2개.
문자열입력 : ice cream
문자입력 : h
    ice cream에서 h는 0개.
문자열입력 : 〈Enter키〉
```

06 문자열 2개를 입력 받아 포인터를 사용하여 입력 받은 두 문자열을 연결하세요.

```
문자열입력 : coffee
문자열입력 : ice cream
sa=coffee, sb=ice cream
sa=sa+sb=coffeeice cream, sb=ice cream
```

07 stra 배열에 소문자 문자열을 입력 받아 strb배열에 대문자로 변환하여 저장하는 작업을 포인터를 이용하여 작성하세요.

```
문자열입력 : coffee
stra=coffee, strb=COFFEE
```

08 2차원 문자열 배열에 첫 번째 줄에 소문자 문자열을 입력 받아, 두 번째 줄에 대문자로 변환하여 저장하는 프로그램을 포인터를 이용하여 작성하세요.

```
문자열입력 : coffee
str[0]=coffee, str[1]=COFFEE
```

09 문자열 2개를 입력 받아 두 문자열이 같은지 다른지 비교하는 프로그램을 포인터를 이용하여 작성하세요.

```
문자열입력 : apple
문자열입력 : apples
apple, apples, 다름.
```

10 2차원 문자열 배열에 문자열 2개를 입력 받아 두 문자열이 같은지 다른지 비교하는 작업을 포인터를 이용하여 작성하세요. (단, 1차원 배열 사용금지)

```
문자열입력 : apple
문자열입력 : apples
    apple, apples, 다름.
문자열입력 : apple
문자열입력 : apple
    apple, apple, 같음.
문자열입력 : 〈Enter키〉
```

11 정수 4개를 저장하는 from배열을 선언하고 사용자로부터 정수를 입력 받아 다음과 같이 수행되는 프로그램을 포인터를 이용하여 작성하세요.

```
정수입력 : 2
정수입력 : 4
정수입력 : 5
정수입력 : 6

합=17
가장 큰 수= 6
가장 작은 수=2
```

12 위 11번의 일차원 배열 from을 to배열에 포인터를 이용하여 복사하고 두 배열의 내용을 출력하세요.

```
정수입력 : 2
정수입력 : 4
정수입력 : 5
정수입력 : 6

from배열: 2, to배열:2
from배열: 4, to배열:4
from배열: 5, to배열:5
from배열: 6, to배열:6
```

13 한 단어를 입력 받아, 단어를 역순으로 출력하는 프로그램을 포인터를 이용하여 작성하세요.

```
한 단어를 입력하세요 : rainy
입력한 단어를 반대로 출력합니다 : yniar
```

제7장

함수

Chapter 07 함수

함수란 특정 작업이 반복되는 경우, 이 작업을 한 곳에 정의하고 필요할 때마다 호출해서 사용하는 프로그램내의 하나의 독립된 단위라 할 수 있습니다. C 언어에서 함수의 사용은 특정 작업을 반복해야 하는 경우에 효율적으로 사용됩니다. 단 한번만 사용되는 부분이라 하더라도 함수로 구현 한다면 프로그램을 더욱 모듈화 할 수 있고, 모듈화 된 프로그램은 프로그램을 읽고 변화시키고 수정하는데 편리함을 제공해 줍니다.

7.1 함수의 정의

C 언어의 실행은 main() 함수의 '{' 에서 시작하여 '}'까지 처리됩니다. 따라서 main() 함수의 프로그램 길이가 길거나 반복적으로 처리되는 루틴이 많다면 프로그램을 이해하기가 어렵습니다. 이와 같을 경우 특정 부분을 프로그래머가 별도의 함수로 작성하여 사용할 수 있습니다. main() 함수 안에서 별도로 작성된 함수를 호출한다면 프로그램도 간결해지고 프로그램의 오류도 쉽게 찾아 수정할 수 있는 장점이 있습니다.

함수를 사용하는 두 가지 방법이 있습니다. 하나는 C 표준화 단체에서 제작한 것을 가져다 쓰는 방법이고, 나머지 하나는 직접 원하는 함수를 만들어 사용하는 것입니다. 두 방법 모두 함수의 정의 방법과 구성 형태를 알아야 사용할 수 있으므로 함수를 정의하는 일반적인 형식을 알아보겠습니다.

함수의 정의 방법

```
자료형 함수명(매개변수1, 매개변수2, ...)
{ //매개변수는 함수의 호출에서 전달되어온 인자
    프로그램 내용;
    return 자료형에 해당하는 반환 값 ;
}
```

함수의 원형

```
int sum(int a, int b);
```

함수의 정의 예

```
int sum(int a, int b)
{
    int sum = a+b;
    return sum;
}
```

함수는 변수처럼 자료형을 가지고 있습니다. 이것은 함수를 수행한 후 반환되어지는 값(Return Value)의 자료형을 의미합니다. 반환 값이 있는 함수는 반드시 함수 안에서 리턴 명령어를 사용해 함수의 자료형과 같은 타입의 값을 함수를 호출한 곳으로 반환해 주어야 합니다. 리턴 명령문은 하나의 반환 값만을 반환해 줄 수 있습니다. 반환 값은 함수를 호출한 부분으로 다시 보내지기 때문에 그 값을 받을 새로운 변수가 정의되어 있어야 하지만, 프로그램의 기능에 따라 생략할 수도 있습니다. 만약 반환 값이 없는 경우에는 void라는 키워드를 사용합니다.

매개변수들은 현재 정의된 함수로 전달되는 인수들의 자료형을 명시합니다. 복수 개의 매개변수를 사용한 경우에 주의해야 할 점은 같은 데이터형의 전달인자라 하더라도 반드시 각 전달인자에 대해 독립적으로 자료형을 지정해 주어야 한다는 점입니다.

함수의 원형은 컴파일러에게 함수의 반환값, 전달인자의 형태 그리고 개수 등을 알려주는 인터페이스의 역할을 합니다. 이것은 컴파일러가 함수를 호출하기 전에 미리 함수의 형태를 파악하도록 해 주기 때문에, 실제로 함수가 호출되었을 때 사용이 적절하지 않은 경우 오류를 발견할 수 있도록 해 줍니다.

표준 라이브러리 함수의 경우에는 해당 함수의 원형이 헤더 파일 내에 존재하기 때문에 생략이 가능하지만, 사용자 정의 함수인 경우 함수 원형은 #include와 main() 함수 사이에 위치시킵니다. 단, 해당 함수가 main() 함수 이전에 정의되어 있다면 함수의 원형은 생략할 수 있습니다.

7.2 표준 라이브러리 함수

표준 라이브러리 함수란 C 표준화 단체에서 제작한 것으로, 프로그램 작성 시 자주 사용되거나 처리 과정이 복잡한 기능들을 구현해 제공하고 있는 프로그램입니다. 각 함수들의 원형은 입출력, 파일처리, 수치계산, 메모리 운영, 문자열처리 등 기능에 따라 각각의 헤더 파일에 정의 되어있습니다. 이와 같이 정의된 함수들은 선행처리기인 #include 〈헤더파일〉을 자신의 프로그램에 포함한 후 함수를 호출해 사용합니다. [표 7.1]과 [표 7.2]에 자주 사용되는 문자와 문자열 관련 함수를 보였습니다.

[표 7.1] 문자 관련 함수

함수의 결과	함수명	설명
참(1) 거짓(0)	isalpha()	알파벳인지 검사.
	isdigit()	숫자인지 검사.
	isspace()	공백문자인지 검사
	islower()	소문자인지 검사
	isupper()	대문자인지 검사
	iscntrl()	제어 문자인지 검사

[표 7.2] 〈string.h〉 문자열 관련 함수

함수 원형 / 함수 기능
int strlen(char *str1); : str1에 포함된 문자열 중 널(NULL)을 제외한 문자의 개수를 반환한다. : 두 문자열이 같으면 0을 반환한다.
int strcmp(char *str1, char *str2); : 두 문자열을 대소문자를 구별하여 사전적으로 비교한다. : 두 문자열이 같으면 0을 반환한다.
char *strcpy(char *str1, char *str2); : str2가 가리키는 문자열을 str1으로 복사한다. : str2는 str1과 같은 내용으로 변경되고, str2는 변경이 없다.

함수 원형 / 함수 기능
char *strncpy(char *str1, char *str2, int n); : str2가 가리키는 문자열에서부터 숫자(n) bytes만큼의 문자열을 str1이 가리키고 있는 위치에 복사한다.
int atoi(char *str); : 문자열을 정수로 변환한다.
long atol(char *str) : 문자열을 long형 정수로 변환한다.
double atof(char *str); : 문자열을 long형 정수로 변환한다.

char * strtok(char *str, const char * delim)
: str문자열을 delim 문자열의 구성성분을 기준으로 토큰을 추출한다.
char *pch, str[]="a.b c";
pch = strtok(str, " .");
while(pch != NULL) { pch = strtok(NULL, " ."); }

char * strstr(char *str1, const char *str2); : str1에서 str2 문자열을 찾아 그 위치를 반환한다.

다양한 헤더파일들과 그것들에 관련된 함수들의 목록은 부록 A를 참조하시기 바랍니다.

7.3 함수의 호출 및 복귀

프로그램은 함수를 호출할 때 하나 이상의 자료를 매개변수의 형식으로 전달할 수 있는데, 이를 전달인자라고 합니다. 함수를 호출할 때는 원형에서 정의된 전달인자의 형식과 일치되는 자료형의 매개변수 및 값을 대입 해 주어야 합니다. 만약, 전달 인자가 없더라도 함수 명 다음에 괄호("()")는 빼놓지 말아야 합니다. 프로그램 내에서 함수를 호출하기 전 까지는 함수 내 문장들이 실행되지 않습니다. 함수가 호출되면 해당 함수는 전달 인자를 받아서 함수 내에서의 특정 동작을 수행합니다. 함수내의 모든 문장을 실행하면 반환 값을 리턴하며 함수를 호출한 부분으로 복귀합니다.

함수를 호출 받은 쪽에서 호출한 쪽으로 제어를 복귀시키거나 특정한 값을 반환할 때 return을 사용합니다. 피 호출 함수에서는 return 문을 만나면 현재의 실행 위치와 관계없이 피 호출 함수의 실행을 종료하고 호출 함수로 실행을 옮깁니다. return이 없을 때에는 함수의 마지막 괄호를 만나면 호출 함수로 복귀합니다. return 문의 형식은 다음과 같습니다.

return 형식

```
return;                          //반환 값없이 복귀
return (식);                     //식 : 상수, 변수, 수식
```

return 사용 예

```
return;                          //반환 값이 없는 경우
return 0; return 1;              //반환 값이 0, 1의 값인 경우
return a; return (b);            //반환 값이 변수인 경우
return a+b; return(a+b);         //반환 값이 연산 결과인 경우
```

[예제 7.1] 함수의 호출

```
#include <stdio.h>

void output1()
{
    printf("-- Function output1 --₩n");
}
void output2()
{
    printf("-- Function output2 --₩n");
}
int main()
{
    printf("-- Start main() --₩n");
    output1();
    output2();
    printf("-- End main() --₩n");
    return 0;
}
```

```
-- Start main() --
-- Function output1 --
-- Function output2 --
-- End main() --
```

[예제 7.2] 함수의 호출 및 복귀

```
#include <stdio.h>
int add(int i, int j); //사용자 정의 함수의 원형
int prodt(int i, int j);

int add(int i, int j)
{
   int result = i + j;
   return result;
}
int prodt(int i, int j)
{
   return i * j;
}
int main()
{
   int a, b, sum=0, mul=0;

   printf("정수 두 개 입력 : ");
   scanf("%d %d", &a, &b);

   sum = add(a, b);
   mul = prodt(a, b);

   printf("%d+%d=%d, %d*%d=%d₩n", a, b, sum, a, b, mul);
   return 0;
}
```

```
정수 두 개 입력 : 25 20
25+20=45, 25*20=500
```

7.4 매개 변수의 전달 방식

매개 변수 전달방법은 값에 의한 호출(call by value)방식과 주소에 의한 호출(call by reference) 방식이 있습니다.

값에 의한 호출방법은 실인수의 실제 값을 가인수로 전달하는 방식을 취합니다. 여기에서 실인수란 함수의 호출부분에서 사용된 변수를 말하며, 가인수란 호출되어진 함수에서(피호출 함수) 사용하는 변수를 의미합니다. 실인수와 가인수는 서

로 독립적인 기억장소를 가진 다른 변수로 취급되어 데이터의 전달이 이루어지고 난 후에는 서로간의 상호관계가 없어집니다. 따라서 가인수의 값이 변하더라도 실인수의 값은 변하지 않습니다.

참조에 의한 호출 방식은 값에 의한 호출 방식에서처럼 별도의 기억장소에 인수 값을 전달하는 것이 아니라 인수의 주소를 전달하는 방식입니다. 따라서 호출된 함수에서 가인수의 값이 변경되면 실제적으로 실인수의 값도 변경됩니다.

[예제 7.3]과 [예제 7.4]는 두 개 변수의 내용을 뒤바꾸는 예를 통해 값에 의한 호출 방식과 주소에 의한 호출 방식의 차이를 보이고 있습니다.

[예제 7.3] 함수의 매개 변수 전달 (값에 의한 호출)

```
정수 두 개 입력 : 47 23
before call_val() : a=47, b=23
call_val() : a=23, b=47
after call_val() : a=47, b=23
```

```
#include <stdio.h>

void call_val(int a, int b)
{
    int temp = a;
    a = b;
    b = temp;
    printf("call_val() : a=%d, b=%d₩n", a, b);
}
int main()
{
    int a, b;

    printf("정수 두 개 입력 : ");
    scanf("%d %d", &a, &b);

    printf("before call_val() : a=%d, b=%d₩n", a, b);
    call_val(a, b);
    printf("after call_val() : a=%d, b=%d₩n", a, b);
    return 0;
}
```

[예제 7.4] 함수의 매개 변수 전달 (참조에 의한 호출)

```
#include <stdio.h>

void call_ref(int *a, int *b)
{
	int temp = *a;
	*a = *b;
	*b = temp;
	printf("call_ref() : a=%d, b=%d₩n", *a, *b);
}
int main()
{
	int a, b;

	printf("정수 두 개 입력 : ");
	scanf("%d %d", &a, &b);

	printf("before call_ref() : a=%d, b=%d₩n", a, b);
	call_ref(&a, &b);
	printf("after call_ref() : a=%d, b=%d₩n", a, b);
	return 0;
}
```

```
정수 두 개 입력 : 47 23
before call_ref() : a=47, b=23
call_ref() : a=23, b=47
after call_ref() : a=23, b=47
```

7.5 함수와 변수영역

가. 지역 변수와 전역 변수

변수의 영역은 변수를 사용할 수 있는 유효범위를 말합니다. 변수는 기억클래스의 종류와 선언하는 위치에 따라 지역 변수와 전역 변수로 구분되며 참조 영역이 결정됩니다.

지역 변수는 함수 내부에서 선언되어 그 함수의 내부에서만 유효하고 다른 함수에서는 유효하지 않은(참조 할 수 없는) 변수입니다. 지역 변수는 서로 다른 함수에서 같은 이름의 변수를 사용해도 별개의 변수로 인식됩니다. 지역변수는 초기값을 생략할 경우 지역변수가 생성되기 전 스택영역에 저장되어있던 데이터(쓰레기 값)를 그대로 유지합니다. 그렇기 때문에 프로그래밍 과정에서 주어진 문제에 따라 변수를 초기화 해주어야 합니다. 지금까지 사용했던 모든 변수들은 지역변수였습니다.

전역 변수는 함수 외부에서 선언된 변수로 메인 메모리의 데이터 영역에 생성되며, 변수가 선언된 이후의 모든 함수에서 참조 가능합니다. 그러나 동일한 이름의 전역 변수와 지역 변수가 선언되어 사용되고 있다면, 현재 처리중인 명령문의 영역(함수 또는 블록)에서 선언된 변수를 우선적으로 처리합니다. 또한 초기 값이 생략된 상태로 전역 변수를 선언하면 정수형 데이터는 0, 문자형 데이터는 널('₩0')로 자동 초기화됩니다.

[예제 7.5] 전역 변수의 활용

```
#include <stdio.h>

int x = 5; //전역변수
void func()
{
      int x = 10;
      x = x + 20;
      printf("func() : x = %d₩n", x);
}
int main()
{
      x = x + 10;
      printf("Before func() : x = %d₩n", x);
      func();
      printf("After func() : x = %d₩n", x);
      return 0;
}
```

```
Before func() : x = 15
func() : x = 30
After func() : x = 15
```

나. 변수의 기억클래스

기억클래스는 변수를 어떠한 기억장소(메모리)에 선언할 것인가를 규정하는 것으로 데이터의 유효기간, 유효범위 등이 각 기억클래스의 종류에 따라 차이가 있습니다. 기억클래스의 종류는 [표 7.3]에 정리했습니다.

[표 7.3] 기억클래스의 종류

기억클래스	기억장소	생존기간	참조범위
자동(auto) 변수	stack(스택)	일시적	- 일반적인 변수 선언 방식. - 변수가 선언된 블록 내에서만 참조 가능.
정적(static) 변수	일반적인 메모리	영구적	static 데이터형 변수명; - 변수가 선언된 블록에서 참조 가능. - 블록이나 함수가 종료되어도 프로그램이 종료되기 전까지 값을 유지. - 정수형은 0, 문자형은 널('₩0')로 자동 초기화.
레지스터 변수	CPU의 레지스터	일시적	register 데이터형 변수명 ; - 속도는 가장 빠름. - 선언된 블록 내에서만 사용 가능(지역변수)
외부(extern) 변수	일반적인 메모리	영구적	extern 데이터형 변수명 - 함수의 외부 또는 외부 파일에서 선언된 전역 변수를 참조하고자 할 때 사용. - extern 지정자는 선언된 변수가 외부 변수임을 컴파일러에게 알려주는 역할.

[예제 7.6] 정적(static) 변수의 활용

```
#include <stdio.h>

void func()
{
    static int s = 0;
    int a = 0;

    s = s + 2;
    a = a + 2;
    printf("s=%d, a=%d₩n", s, a);
}
int main()
{
    for (int i = 0; i < 3; i++) {
        printf("%d) ", i);
        func();
    }
    return 0;
}
```

```
0) s=2, a=2
1) s=4, a=2
2) s=6, a=2
```

[예제 7.7] 외부(extern) 변수의 활용

```
//ex7_7_1.c

#include 〈stdio.h〉

int x;

void sub1();
void sub2();
void sub3();

void sub1() {
      x = x + 100;
      printf("1) x = %d₩n", x);
}
main() {
      x = 100;
      printf("0) x = %d₩n", x);
      sub1();          sub2();   sub3();
}
```

```
//ex7_7_2.c



//ex7_7_1.c의 전역 변수 x를 사용하기 위한
외부 변수 선언

extern int x;

sub2() {
   int x;        //지역 변수
   x = 9999;
   printf("2) x = %d₩n", x);
}
sub3() {
   x = x + 200;
   printf("3) x = %d₩n", x);
}
```

7.6 순환 호출(Recursive Call)

함수는 명령문 수행 중 자기 자신을 다시 호출하여 실행시킬 수 있습니다. 이러한 호출을 순환 호출이라 합니다. 함수가 순환적으로 실행되면 함수가 호출될 때마다 새로운 매개 변수와 자동 변수들을 갖게 됩니다. 사용하던 변수들은 프로그램이 종료하기 전까지 스택 메모리에 유지되기 때문에 순환 호출은 메모리를 많이 소모하며 처리 속도가 느려지는 단점이 있습니다.

스택이라 불리는 저장 공간은 데이터를 차곡차곡 쌓아갑니다. 그렇게 쌓여진 데이터를 가져올 때에는 가장 마지막에 들어온 자료부터 순차적으로 처리하여 가져옵니다. 예로 동전 쌓기를 생각해보면, 동전을 하나하나 쌓을 때는 이미 쌓여 있는 동전 위에 새로운 동전을 올려놓을 겁니다. 그리고 그렇게 쌓은 동전 중 몇 개가 필요한데 무너지지 않고 안전하게 가져와야 한다면 가장 최근에 올려놓은 맨 위의 동전부터 하나씩 차근차근 가져올 것입니다. 이것이 스택의 개념으로, 이때 쌓이는 과정을 push라고 하고 가져오는 과정을 pop이라 합니다.

C 프로그램에서 함수의 호출이 일어나면 함수에서 시용되던 일련의 데이터들이 스택에 저장되고, 함수 호출이 끝나면 스택이 해제되어 다시 호출한 함수로 데이터들을 돌려주게 됩니다. [예제 7.8]은 순환 함수에서 스택을 사용한 예로 printf()의 위치가 순환 함수의 호출 전인지 후인지에 따라 실행 결과가 다름을 보여줍니다.

[예제 7.8] 순환 함수에서 스택의 사용

```
9 8 7 6 5 4 3 2 1 0
```

```c
#include <stdio.h>

void recurse(int i)
{
    if(i<10) {
        recurse(i+1);
        printf("%d ", i);
    }
}
int main()
{
    recurse(0);
    return 0;
}
```

```
0 1 2 3 4 5 6 7 8 9
```

```c
#include <stdio.h>

void recurse(int i)
{
    if(i<10) {
        printf("%d ", i);
        recurse(i+1);
    }
}
int main()
{
    recurse(0);
    return 0;
}
```

[예제 7.9] 상호 순환

```
0 . 2 . 4 . 6 . 8 . 10
```

```c
#include <stdio.h>

void f1(int b);
void f2(int b);

void f2(int b)
{
    if(b) f1(b - 1);
    printf(". ");
}
void f1(int a)
{
    if(a) f2(a - 1);
    printf("%d ", a);
```

```
}
int main()
{
        f1(10);
        return 0;
}
```

7.7 함수와 배열

함수에서 배열이 매개변수로 사용될 때에는 7.4절에서 언급된 주소에 의한 호출(call by reference) 방식을 사용합니다. 배열을 함수의 매개변수로 전달 할 때에는 반드시 주소를 전달해야 합니다. 주소로 전달 받은 배열은 배열 인덱스를 사용하거나 포인터 매개변수를 이용하여 접근합니다.

[표 7.4] 함수의 원형과 함수의 호출 예

함수의 원형 예	함수의 호출 예
void func(int *n);	int num=2; func(&num);
void func(char *s);	char ch ='a'; func(&ch);

void func(int n[], int size);
void func(int *n, int size);
	int nums[5] = {5, 4, 3, 2, 1};
	func(nums, sizeof(nums)/sizeof(int));
	//정수형 배열은 크기를 알 수 없기 때문에 배열의 크기를 전달해야 한다.

void func(char s[]);
void func(char *s);
	char str="abc";
	func(str);
	//문자열은 마지막이 항상 널이기 때문에 크기를 전달할 필요가 없다.

void func(int (*n)[5], int size); //size는 배열의 행의 크기	int nums[2][5] = {5, 4, 3, 2, 1, 1, 2, 3, 4, 5}; func(nums, sizeof(nums)/sizeof(nums[0]));

void func(char (*s)[10], int size);	char strs[2][10] = {"apple", "banana"};
	func(strs, sizeof(strs)/sizeof(strs[1]));
	//문자열 배열의 행의 크기는 전달해야 한다.

[예제 7.10] 함수와 1차원 정수형 배열

```
#include <stdio.h>
void f1(int n[], int size) {
      for (int i = 0; i < size; i++)
          printf("%d ", n[i]);
}
void f2(int *n, int size) {
      for (int i = 0; i < size; i++)
          printf("%d ", n[i]);
}
int main()
{
      int nums[5] = {5, 4, 3, 2, 1};
      f1(nums, sizeof(nums) / sizeof(int));
      puts("");
      f2(nums, sizeof(nums) / sizeof(int));
      return 0;
}
```

```
5 4 3 2 1
5 4 3 2 1
```

[예제 7.11] 함수와 2차원 정수형 배열

```
#include <stdio.h>

void func(int (*n)[5], int size)
{
      for(int i=0; i<size; i++) {
          for(int j=0; j<sizeof(n[0])/sizeof(int); j++) {
                  printf("%d ", n[i][j]);
          }
          puts("");
      }
}
int main()
{
      int nums[2][5] = {5, 4, 3, 2, 1, 1, 2, 3, 4, 5};
      func(nums, sizeof(nums)/sizeof(nums[0]));
      return 0;
}
```

```
5 4 3 2 1
1 2 3 4 5
```

[예제 7.12] 사용자 함수와 1차원 문자열형 배열

```
#include <stdio.h>
#include <string.h>

int mycmp(char *sa, char *sb)
{
    return strcmp(sa, sb);
}
int main()
{
    char stra[] = "apple";
    char strb[] = "apple";

    int result = mycmp(stra, strb);
    if (result)
        printf("다른 문자열 입니다.₩n");
    else
        printf("같은 문자열 입니다.₩n");
    return 0;
}
```

```
같은 문자열 입니다.
```

[예제 7.13] 사용자 함수와 2차원 문자열형 배열

```
#include <stdio.h>
#include <string.h>

int mycmp(char (*s)[10], int size)
{
    return strcmp(s[0], s[1]);
}
int main()
{
    char str[2][10] = {"apple", "apple"};

    int result = mycmp(str, sizeof(str)/sizeof(str[1]));
    if (result)
        printf("다른 문자열 입니다.₩n");
    else
        printf("같은 문자열 입니다.₩n");
    return 0;
}
```

```
같은 문자열 입니다.
```

7.8 main() 함수의 매개변수

지금까지의 예제 프로그램은 main() 함수가 매개변수를 가지지 않는 경우만 살펴보았지만 main() 함수도 매개 변수를 가질 수 있습니다. C 프로그램에서 main() 함수에 정보를 전달하는 일반적인 방법은 명령어 라인 매개변수를 사용하는 것입니다. main() 함수의 매개변수(명령어 라인 매개변수)는 운영체계의 명령어 라인에서 실행 프로그램 이름 뒤에 따라오는 인자들을 의미합니다. C 프로그램에서 명령어 라인의 인자를 전달받기 위해서는 main() 함수를 작성할 때 매개 변수를 선언해야 합니다. 매개 변수를 갖는 main() 함수의 형식은 다음과 같습니다.

main() 함수의 매개변수(명령어 라인 매개변수)

```
main(int argc, char *argv[ ])
```

- argc는 명령어 라인에 있는 인자들의 개수를 의미한다.
- argv는 포인터배열로 명령어 라인 매개변수들이 문자열로 저장된다.
- argv[0]에는 실행파일의 경로와 이름이 전달된다.
- argv[1], argv[2], ..., agrv[n]에는 명령어 라인의 인자들이 전달된다.
- 명령어 라인에서 두 개 이상의 인자가 있는 경우에 구분자는 공백을 사용한다.

main() 함수의 매개변수(명령어 라인 매개변수)의 사용 예

c:\>ctest 30 rain Enter↵

- argc = 3

		0	1	2	3	4	5	6	7	8	9	10	11	12
argv[0]	→	c	:	₩	c	t	e	s	t	.	e	x	e	₩0
argv[1]	→	3	0	₩0										
argv[2]	→	r	a	i	n	₩0								

[예제 7.14]는 main() 함수의 매개변수를 사용한 예입니다. 아래 예제의 결과처럼 명령 프롬프트에서 현재 프로그램이 실행되고 있는 폴더를 찾아가서 명령행 라인에 매개변수들을 입력하시면 됩니다.

[예제 7.14] main() 함수의 매개변수 사용 방법

```
#include <stdio.h>

int main(int argc, char *argv[])
{
  printf("argc = %d₩n", argc);

  for (int i = 0; i < argc; i++) {
    printf("argv[%d] = %s₩n",
      i, argv[i]);
  }

  return 0;
}
```

```
명령 프롬프트
(c) 2020 Microsoft Corporation. All rights reserved

C:₩Users₩hallym>cd₩

C:₩>cd lecture_src

C:₩lecture_src>cd ctest

C:₩lecture_src₩ctest>dir
 C 드라이브의 볼륨에는 이름이 없습니다.
 볼륨 일련 번호: 7ED5-ADE6

 C:₩lecture_src₩ctest 디렉터리

2020-08-04  오후 08:39    <DIR>          .
2020-08-04  오후 08:39    <DIR>          ..
2020-07-28  오후 06:27    <DIR>          .vscode
2020-08-04  오후 08:28               191 ctest.c
2020-08-04  오후 08:39            44,877 ctest.exe
               2개 파일              45,068 바이트
               3개 디렉터리  46,736,056,320 바이트

C:₩lecture_src₩ctest>ctest red blue yellow
argc = 4
argv[0] = ctest
argv[1] = red
argv[2] = blue
argv[3] = yellow

C:₩lecture_src₩ctest>
```

[예제 7.15] main() 함수의 매개변수를 사용한 연산

```
#include <stdio.h>
#include <stdlib.h>
int main(int argc, char *argv[])
{
    int x, y;
    char op;

    if (argc != 4) {
        printf("덧셈과 뺄셈 연산을 합니다₩n");
        printf("3 + 4 형태로 입력 바랍니다.₩n");
        exit(0);
    }
    x = atof(argv[1]); //문자열을 실수로 변환
    op = *argv[2];
    y = atoi(argv[3]);

    switch (op) {
    case '+':
```

```
명령 프롬프트
C:₩lecture_src₩ctest>ctest
덧셈과 뺄셈 연산을 합니다
3 + 4 형태로 입력 바랍니다.

C:₩lecture_src₩ctest>ctest 5 + 6
5 + 6 = 11

C:₩lecture_src₩ctest>ctest 6 - 5
6 - 5 = 1
```

```
            printf("%d %c %d = %d\n", x, op, y, x + y);
            break;
        case '-':
            printf("%d %c %d = %d\n", x, op, y, x - y);
            break;
        default:
            printf("계산할 수 없습니다.\n");
        }
        return 0;
}
```

7.9 함수 포인터

일반 변수나 배열을 포인터로 접근할 수 있듯이 함수도 함수 포인터로 접근 할 수 있습니다. 함수의 주소 값을 저장하는 포인터 변수를 함수 포인터라고 합니다. 함수 포인터의 선언 방법은 다음과 같습니다.

함수 포인터 선언 방법

반환자료형 (*함수포인터명) (자료형1, 자료형2, ...);
또는
반환자료형 (*함수포인터명) (자료형1 매개변수명1, 자료형2 매개변수명2, ...);

함수 포인터 배열 선언 방법

반환자료형 (*함수포인터저장배열명[배열크기]) (자료형1, 자료형2, ...);
또는
반환자료형 (*함수포인터저장배열명[배열크기]) (자료형1 매개변수명1, 자료형2 매개변수명2, ...);

함수 포인터 / 함수 포인터 배열 사용 예

```
void add(int *, int, int);
void sub(int *, int, int);
```

```
void (*pf)(int *, int, int);
pf = add;
pf = sub;

void (*pfa)(int *, int, int) = add; //pfa = sub;
void (*pfs)(int *, int, int) = sub; //pfs = add;

void (*pfarr[2])(int *, int, int);
pfarr[0] = add;
pfarr[1] = sub;

void (*pfarr[2])(int *, int, int) = {add, sub};
```

[예제 7.16] 함수와 함수 포인터

```
정수 2개 입력 : 33 55
함수 포인터 pf = add의 결과 (88)
함수 포인터 pf = sub의 결과 (-22)
함수 포인터 배열 pfarr의 결과 pfarr[0] = 88
함수 포인터 배열 pfarr의 결과 pfarr[1] = -22
```

```
#include <stdio.h>

void add(int *r, int a, int b) {
    *r = a + b;
}
void sub(int *r, int a, int b) {
    *r = a - b;
}
int main(int argc, char *argv[])
{
    int ina, inb, rst;
    void(*pf)(int *, int, int) = NULL;
    void(*pfarr[2])(int *, int, int) = { add, sub };

    printf("정수 2개 입력 : ");
    scanf("%d %d", &ina, &inb);

    pf = add;
    pf(&rst, ina, inb);
    printf("함수 포인터 pf = add의 결과 (%d)₩n", rst);

    pf = sub;
    pf(&rst, ina, inb);
```

```
        printf("함수 포인터 pf = sub의 결과 (%d)₩n", rst);

        for (int i = 0; i < 2; i++) {
            pfarr[i](&rst, ina, inb);
            printf("함수 포인터 배열 pfarr의 결과 pfarr[%d] = %d₩n", i, rst);
        }
        return 0;
}
```

7.10 배열 포인터 함수 응용

6장 후반부 포인터 응용에서 다루어졌던 배열 포인터 관련 예들을 함수를 적용하여 구현해 보겠습니다.

[예제 7.17] main() 함수의 매개변수와 사용자 함수 (실수형)

```
#include <stdio.h>
#include <stdlib.h>
double avg(double *n, int size)
{
    double sum = 0;
    for (int i = 0; i < size; i++) {
        sum += *(n + i);
    }
    return sum / size;
}
int main(int argc, char *argv[])
{
    double avg_value, num[5];
    for (int i = 0; i < argc; i++) {
        num[i] = atof(argv[i + 1]);
        printf("%lf₩n", num[i]);
    }
    avg_value = avg(num, sizeof(num) / sizeof(double));
    printf("평균은 = %lf₩n", avg_value);
    return 0;
}
```

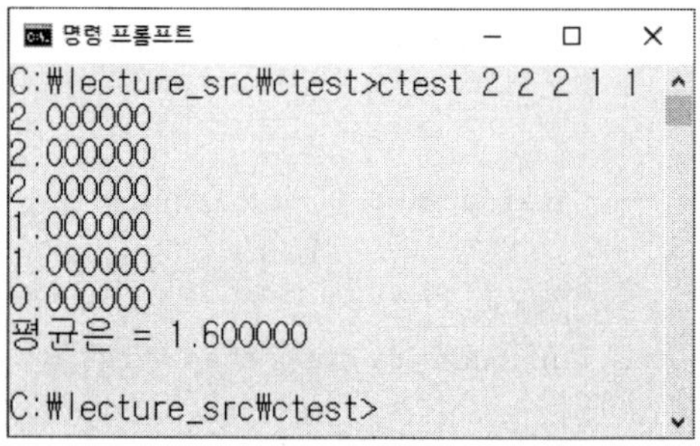

[예제 7.18] main() 함수의 매개변수와 사용자 함수 (문자열형)

```
#include <stdio.h>
#include <stdlib.h>
#include <string.h>

int has(char (*s)[10], int size, char *in)
{
      int has_flag = 0;
      for (int i = 0; i<size; i++) {
          if (strcmp(s[i], in) == 0)
                   has_flag = 1;
      }
      return has_flag;
}
int main(int argc, char *argv[])
{
      char strs[][10] = {"red", "green", "yellow"};

      if (argc != 2) {
          printf("입력이 바르지 않아 종료합니다.₩n");
          printf("(입력 예) ctest color ₩n");
          exit(0);
      }
      if (has(strs, sizeof(strs)/sizeof(strs[1]), argv[1]))
          printf("입력하신 색이 존재합니다.₩n");
      else
          printf("입력하신 색이 존재하지 않습니다.₩n");
      return 0;
}
```

```
PROBLEMS    OUTPUT    DEBUG CONSOLE    TERMINAL

PS C:\lecture_src\ctest> cd "c:\lecture_
ctest }
입력이 바르지 않아 종료합니다.
(입력 예) ctest color
PS C:\lecture_src\ctest> .\ctest blue
입력하신 색이 존재하지 않습니다.
PS C:\lecture_src\ctest> .\ctest yellow
입력하신 색이 존재합니다.
PS C:\lecture_src\ctest>
```

7장에서는 함수와 관련된 내용을 학습 했습니다. 개념 확인 학습, 적용 확인 학습, 응용 프로그래밍을 통해 지금까지 학습한 내용을 점검해 보시기 바랍니다.

제7장 ▸▸▸ 개념 확인 학습

01 함수란 무엇인가요?

02 함수는 어떠한 형태를 가지고 있나요?

03 표준 라이브러리 함수의 의미는 무엇인가요?

04 표준 라이브러리 함수에서 문자 관련 함수에는 어떤 것이 있나요?

05 표준 라이브러리 함수에서 문자열 관련 함수에는 어떤 것이 있나요?

06 함수에서 return 문장이 하는 역할은 무엇인가요?

07 값에 의한 호출(call by value)방식과 주소에 의한 호출(call by reference) 방식의 차이는 무엇인가요?

08 지역 변수와 전역 변수는 어떻게 다른가요?

09 정적(static) 변수의 특징은 무엇인가요?

10 순환 호출(Recursive Call)이란 무엇인가요?

11 정수형 배열을 함수의 매개변수로 전달하여 포인터로 받을 때 주의해야 할 점은 무엇인가요?

12 main() 함수가 매개변수를 가질 경우 사용형식은 어떻게 되나요?

13 함수 포인터란 무엇인가요?

제7장 ▸▸▸ 적용 확인 학습

01 다음 서술 내용이 바르면 O, 그렇지 않으면 X를 표시 하세요.

A. 함수란 특정 작업이 반복되는 경우, 이 작업을 한 곳에 정의하고 필요할 때마다 호출해서 사용하는 프로그램내의 하나의 독립된 단위이다. ( )

B. 함수에서 return 할 때에는 함수 자료형에 해당하는 값을 반환한다. ( )

C. isalpha()는 알파벳인지 검사하는 함수이다. ( )

D. strncpy()는 두 문자열을 대소문자를 구별하여 사전적으로 비교한다. ( )

E. return은 값을 반환하는 문장이므로 식이 들어갈 수 없다. ( )

F. 매개 변수 전달방식에서 주소에 의한 호출(call by reference) 방식은 포인터를 사용하여 작성할 수 있다. ( )

G. 동일한 이름의 전역 변수와 지역 변수가 선언되어 사용되고 있다면, 현재 처리중인 명령문의 영역(함수 또는 블록)에서 선언된 변수를 우선적으로 처리한다. ( )

H. 정적(static) 변수는 함수가 종료되어도 프로그램이 종료되기 전까지 값은 그대로 유지한다. ( )

I. 순환 함수의 호출 후에 있는 명령문들은 스택에 push되었다가 프로그램이 종료하기 전 pop되어 실행된다. ( )

02 다음 설명에 대한 함수의 함수헤더를 작성하세요.

A. 함수 func()는 첫 번째 매개변수는 int이고 두 번째 매개변수는 double이며 반환 값은 없다.

B. 함수 func()는 정수 매개변수 3개의 최댓값을 반환한다.

C. 함수 func()는 매개변수는 문자열 배열 세 개이다. 이 함수에서는 전달받은 첫 번째와 두 번째 문자열 배열을 연결하여 세 번째 문자열 배열에 저장한다.

D. 함수 func()의 매개변수는 문자열 배열과 문자이며, 반환 값은 문자열 배열에서 전달받은 문자가 있는 위치이다.

E. 함수 func()는 첫 번째 매개변수는 실수형 배열이고 두 번째 매개변수는 정수형 배열이다. 이 함수에서는 전달 받은 실수형 배열의 절대값을 정수형 배열에 차례로 저장한다.

F. 함수 func()는 문자열을 2개 포함하는 2차원 문자열 배열을 받아들여 첫 번째와 두 번째 문자열이 같으면 0, 그렇지 않으면 -1을 반환한다.

03 다음 설명에 대한 변수 선언 문장을 작성하세요.

A. 함수 원형이 void func(int, int)인 함수 포인터 pf

B. 함수 원형이 int *func(double, double)인 함수 포인터 addf

C. 함수 원형이 double func(double *, double)인 함수가 세 개인 함수 포인터 배열 aryfp

04 오류를 찾아 수정하세요.

A. 표에서 "함수의 호출 예"부분.

함수의 원형 예	함수의 호출 예
void func(int *n);	int num=2; func(num);
void func(char *s);	char ch ="a"; func(ch);
void func(int n[], int size); void func(int *n, int size);	int nums[5] = {5, 4, 3, 2, 1}; func(&nums, sizeof(nums[1])/sizeof(int));
void func(char s[]); void func(char *s);	char str="abc"; func(str);
void func(int (*n)[5], int size);	int nums[2][5] = {5, 4, 3, 2, 1, 1, 2, 3, 4, 5}; func(nums, sizeof(num[0])/sizeof(int);
void func(char (*s)[10], int size);	char strs[2][10] = {"apple", "banana"}; func(strs, sizeof(str)/sizeof(strs[1]));

B.

```
void mycmp(char *sa, char *sb) {
   return;
}
int main() {
   char stra[] = "apple";
   char strb[] = "apple";
   mycmp(&stra, &strb);
}
```

C.

```
int main(int *argc, char argv[]) {
   printf("argc = %d₩n", argc);
   for (int i = 0; i < argc; i++)
         printf("argv[%d] = %s₩n", i, argv[i]);
```

```
    return 0;
}
```

D.

```
void add(int *, int, int);
void sub(int *, int, int);
void (*pfarr[2])(int *, int, int) = { add[0], sub[1] };
```

제7장 ▸▸▸ 응용 프로그래밍

01 main() 함수의 매개변수로 명령어 라인에서 받은 모든 문자열을 출력하는 프로그램을 작성하세요.

```
C:〉 ctest 1234 abcd 567
argc=5
argv[0] = ctest.exe
argv[1] = 1234
argv[2] = abcd
argv[3] = 567
```

```
C:〉 ctest "1234 abcd 567"
argc=2
argv[0] = ctest.exe
argv[1] = 1234 abcd 567
```

02 main() 함수의 매개변수로 명령어 라인에서 한 줄의 문자열을 입력 받아, 그 문자열에서 숫자만을 찾아내어 출력하는 프로그램을 작성하세요.

```
C:〉 ctest 1234abcd567efg
입력한 문자열에서 숫자는 -〉 1234567
```

03 main() 함수의 매개변수로 명령어 라인에서 다음과 같이 입력 받아, 사칙 연산을 수행하는 프로그램을 작성하세요.

```
C:〉 ctest 20 + 30
-〉 20 + 30 = 50

C:〉 ctest 20 * 30
-〉 20 * 30 = 600
```

04 main() 함수의 매개변수로 명령어 라인에서 다음과 같이 입력 받아, 그 값을 표현하는 문자열로 출력하는 프로그램을 작성하세요. 10000보다 작은 정수로 입력 받으며 출력은 아래와 같은 방법으로 합니다.

```
C:〉 ctest 3496
입력한 정수는 [삼천 사백 구십 육]입니다.
```

05 프로그램 시작 후 정수 세 개를 입력 받아 num 배열에 저장한 후 max()에 전달합니다. max()는 전달 받은 배열에서 최댓값을 반환(max_value) 합니다. 이 내용을 수행하는 프로그램을 작성하세요.

```
정수입력 : 22
정수입력 : 55
정수입력 : 33
max()에서 전달 받은 최댓값 = 55
```

06 정수 세 개를 main() 함수의 매개변수로 명령어 라인에서 입력 받아 num 배열에 저장한 후 max()에 전달합니다. max()는 전달 받은 배열에서 최댓값(max_value)을 반환합니다. 이 내용을 수행하는 프로그램을 작성하세요.

```
C:〉 ctest 22 55 33
max()에서 전달 받은 최댓값 = 55
```

07 프로그램 시작 후 문자열 두 개(stra, strb)를 입력 받아 저장한 후 입력받은 문자열 두 개와 결과가 저장될 문자열 한 개(plus)를 mystrcat()에 전달합니다. mystrcat()는 전달 받은 두 개의 문자열을 붙여 결과가 저장될 문자열 배열에 저장합니다. plus 문자열은 함수를 호출한 곳에서 출력합니다.

```
문자열 입력 : coffee
문자열 입력 : apple
plus = coffeeapple
```

08 main() 함수의 매개변수로 명령어 라인에서 문자열 두 개(stra, strb)를 입력 받아 저장한 후, 입력받은 문자열 두 개와 결과가 저장될 문자열 한 개(plus)를 mystrcat()에 전달합니다. mystrcat()는 전달 받은 두 개의 문자열을 붙여 결과가 저장될 문자열 배열에 저장합니다. plus 문자열은 함수를 호출한 곳에서 출력합니다.

```
C:> ctest coffee apple
plus = coffeeapple
```

09 myabs()는 실수 하나를 받아들여 절대값을 반환합니다. 임의의 수를 입력 받아 myabs()에 전달한 후 호출 결과를 출력하세요.

10 isprime()는 양의 정수 하나를 받아들여 소수인지 판별합니다. 임의의 수를 입력 받아 소수임을 확인하는 프로그램을 작성하세요. isprime()은 호출 결과로 소수일 경우 참인 1을 그렇지 않을 경우 0을 반환합니다.

11 문자열을 입력 받아 널을 제외한 문자열의 길이를 반환하는 프로그램을 작성하세요. (int mystrlen(char *))

12 문자열과 문자를 한 개씩 입력 받아 문자열에서 문자의 개수가 몇 개인지 반환하는 프로그램을 작성하세요. (int mystrchcnt(char *, char))

13 배열 source에 소문자 문자열을 입력 받아, source 배열의 내용을 대문자로 변환하여 배열 target에 저장하는 함수 mystrupper()를 포인터를 이용하여 작성하세요. mystrupper()에는 배열 source와 target을 전달하고 함수 수행 후 호출한 곳에서 결과를 출력합니다.

14 문자열 두 개를 입력 받아 2차원 문자열 배열에 저장한 후, strcmp2dim()에 전달합니다. strcmp2dim()의 호출 결과로 첫 번째와 두 번째 문자열이 같으면 0 아니면 -1을 반환합니다.

15 정수 입력은 메인함수의 매개변수로 5개를 입력 받습니다. mysort()는 입력 받은 정수 배열을 작은 것부터 큰 것의 순서로 정렬하는 함수입니다. mysort()의 매개변수는 두 개로 하나는 입력 받은 배열, 또 하나는 정렬된 배열입니다. 결과는 mysort() 함수를 호출한 곳에서 출력합니다.

```
C:> ctest 77 33 1 55 6
ary =    77   33    1   55    6
sortary =     1    6   33   55   77
```

제8장

구조체와 공용체

Chapter 08

구조체와 공용체

같은 자료형의 데이터를 여러 개 저장할 때에는 배열을 사용합니다. 그렇다면, 서로 다른 자료형의 데이터 여러 개를 묶음으로 저장하고 싶을 때에는 어떻게 해야 할까요? 이럴 때, C 프로그래밍 언어에서는 구조체를 사용합니다. JAVA 또는 C++ 프로그래밍 언어의 경우에는 클래스의 멤버 변수(필드)를 이용할 수 있습니다.

구조체는 프로그램을 작성하는 상황에서 자료들의 집합이 필요하다고 판단될 때 새롭게 만드는 자료형입니다. 즉, 구조체를 만든다는 것은 특정 프로그램에서만 사용되는 새로운 자료형을 만드는 것과 같습니다. 관련된 여러 자료들이 있고, 그것들의 자료형이 서로 달라 배열로는 집합을 만들 수 없을 때, 그것들을 묶어서 하나의 단위로 취급할 수 있도록 만든 구조화된 데이터형이 구조체입니다. 구조체에서는 C 언어에서 사용되는 모든 자료형들을 다 사용할 수 있습니다. 따라서 구조체를 사용하면 복잡한 자료들을 하나의 단위로 일괄 처리할 수 있어 프로그램에서 유용하게 사용될 수 있습니다.

공용체도 구조체와 마찬가지로 새롭게 만드는 자료형입니다. 구조체와 사용법도 일치합니다. 다른 점이 하나있다면, 구조체의 멤버들은 메모리에서 각자 자신의 영역을 확보하지만, 공용체는 전체 멤버들 중 가장 크게 메모리 영역을 차지하는 멤버의 크기로 메모리를 잡은 후 나머지 모든 멤버들은 그 영역을 공유해서 사용한다는 것만 다릅니다.

8.1 구조체 정의와 구조체 변수의 선언

가. 구조체 정의

구조체 정의란 하나의 새로운 자료형을 만드는 과정으로, struct 키워드를 사용하여 구조체의 명칭을 정하고 필요한 멤버 변수들을 포함해 주는 것을 의미합니다.

친구의 생일에 "누구누구의 몇 번째 생일을 축하합니다."라는 문자를 보내주는 시스템을 만든다고 가정한다면, 필요한 정보는 이름, 나이, 생년월일, 전화번호 등이 될 것입니다. 이 정보들을 하나로 묶어 구조체를 만들어 사용한다면 각

친구의 데이터를 관리하기가 편리할 겁니다. 이 단원의 마지막 쯤 가면, 우리는 구조체를 사용하여 생일 축하 메시지를 만드는 프로그램을 완성할 수 있게 될 겁니다.

우선 지금까지 설명 드렸던 내용 중 세 가지 정보만으로 구조체를 만드는 예를 보여드리겠습니다. 구조체를 정의하는 일반적인 형식은 다음과 같습니다.

구조체 정의 형식

```
struct 구조체명 {  //키워드 struct 사용
    멤버변수 1;
    ......
    멤버변수 n;
}; //세미콜론 필요
```

구조체 정의 예

```
struct neighbor { //struct neighbor 자료형 정의
  char name[13];
  int age;
  char phone[13];
};
```

나. 구조체 변수의 선언

정의된 구조체를 실제적으로 사용하기 위해서는 구조체 변수를 선언해 주어야 합니다. 구조체 변수를 선언하는 방법은 여러 가지가 있으니, 아래에서 설명하는 구조체 변수 선언 예들의 차이점을 잘 파악해 두시기 바랍니다. 구조체 변수를 선언하는 형식은 다음과 같고 가장 추천하는 방식은 "구조체 변수를 선언 예"의 3)번 방식입니다.

구조체 변수 선언 형식

```
struct 구조체명 구조체변수명;
```

구조체 변수 선언 예

1) 구조체 정의 단계에서 구조체 변수 선언

```
struct neighbor { //struct neighbor자료형의
    char name[13];
    int age;
    char phone[13];
} his; //구조체 변수 his 선언
```

2) 구조체 정의 후 구조체 변수 선언

```
struct neighbor { //struct neighbor자료형의
    char name[13];
    int age;
    char phone[13];
};
struct neighbor his; //구조체 변수 his 선언
```

3) 구조체 정의 후 구조체명 재정의 및 구조체 변수 선언

```
struct neighbor { //struct neighbor정의
    char name[13];
    int age;
    char phone[13];
};
//typedef로 struct neighbor 자료형의 명칭을 neighbor로 재정의
typedef struct neighbor neighbor;
neighbor his; //구조체 변수 his 선언
```

4) typedef로 구조체 정의 후 구조체 변수 선언

```
typedef struct { //typedef로 구조체 정의와 동시에
    char name[13];
    int age;
    char phone[13];
} neighbor; //구조체명칭을 neighbor로 지정
neighbor his; //구조체 변수 his 선언
```

다. 구조체 변수의 초기화와 참조

구조체 변수는 일반 변수나 배열과 같이 특정한 값으로 초기화 할 수 있습니다. 구조체 변수의 초기화 방법은 포함되어 있는 변수들을 차례로 나열해 주면 됩니다. 구조체 멤버 변수를 참조(접근)하기 위해서는 멤버 연산자인 '.'점 연산자를 사용하여 "구조체변수명.멤버변수" 형태로 접근 합니다.

구조체 정의 단계에서 선언된 구조체 변수의 초기화

```
struct neighbor {
        char name[13];
        int age;
        char phone[13];
} her = {"raina", 25, "010-111-2222"};
```

구조체 정의 및 재정의 후 선언된 구조체 변수의 초기화

```
struct neighbor {
        char name[13];
        int age;
        char phone[13];
};
typedef struct neighbor neighbor;
neighbor her = {"raina", 25, "010-111-2222"};
```

구조체변수명.멤버변수로 접근

```
printf("her.name=%s, her.age=%d", her.name, her.age);
```

라. 구조체 멤버 변수의 참조

[예제 8.1]은 각각의 구조체 멤버 변수들의 메모리 영역의 크기를 byte 단위로 표시한 후, 값을 저장하고 출력하는 예입니다.

[예제 8.1] 구조체 멤버 변수의 참조

```
#include <stdio.h>

struct neighbor {
    char name[13];
    int age;
    char phone[13];
};
typedef struct neighbor neighbor;

int main(int argc, char *argv[])
{
    neighbor his;

    printf("sizeof(his.name) = %d bytes₩n", sizeof(his.name));
    printf("sizeof(his.age) = %d bytes₩n", sizeof(his.age));
    printf("sizeof(his.phone) = %d bytes₩n", sizeof(his.phone));
    printf("sizeof(his) = %d bytes₩n", sizeof(his));

    printf("₩n이름 : ");
    gets(his.name);

    printf("나이 : ");
    scanf("%d", &his.age);

    while (getchar() != '₩n'); //버퍼에 저장되어 있는 값 삭제

    printf("전화번호 : ");
    gets(his.phone);

    printf("his.name=%s, his.age=%d, his.phone=%s₩n", his.name, his.age,
his.phone);
    return 0;
}
```

```
sizeof(his.name) = 13 bytes
sizeof(his.age) = 4 bytes
sizeof(his.phone) = 13 bytes
sizeof(his) = 36 bytes

이름 : benny
나이 : 23
전화번호 : 010-333-4444
his.name=benny, his.age=23, his.phone=010-333-4444
```

[예제 8.1]과 같은 방법으로 입력 받았을 경우, 메모리 영영에서 구조체 변수가 저장된 형태는 [그림 8.1]과 같습니다.

his.name="benny" 13bytes	his.age=23 4bytes	his.phone="010-333-4444" 13bytes

[그림 8.1] [예제 8.1] 구조체 멤버 변수의 기억장소 할당 형태

8.2 구조체 변수의 배열과 포인터

자료형이 같은 일반 변수들 여러 개를 묶음으로 저장하기 위해 배열을 사용했고, 그 배열을 편리하게 접근하기 위해 포인터를 이용했었습니다. 구조체도 마찬가지로 같은 구조체 자료형의 데이터를 묶음으로 이용하기 편리하도록 배열과 포인터를 사용할 수 있습니다.

가. 구조체 배열

구조체 배열의 선언과 사용은 자료형이 구조체라는 것만 다를 뿐 기존의 배열 선언 방법과 같습니다. 구조체 배열은 배열의 요소가 구조체이기 때문에 각각의 배열 인덱스에 해당하는 구조체에 대해서 멤버 변수들이 존재합니다. 각 구조체 멤버에 접근하기 위해서는 “구조체배열명[배열인덱스].구조체멤버변수”의 형태로 사용하면 됩니다. 구조체 배열의 선언 및 사용 예는 다음과 같습니다.

구조체 배열의 선언과 초기화

```
struct neighbor {
        char name[13];
        int age;
        char phone[13];
};
typedef struct neighbor neighbor;
neighbor our[3] = {
        {“benny”, 23, “010-333-4444”}, //구조체 our[0]
        {“daniel”, 20, “010-555-6666”}, //구조체 our[1]
        {“joon”, 10, “010-777-8888”} //구조체 our[2]
};
```

구조체 배열의 멤버변수 사용 예

```
strcpy(our[0].name, "jhon");
our[1].age = 27;
gets(our[2].phone);
```

위의 "구조체 배열의 선언과 초기화"에서 사용된 구조체 배열의 기억장소 할당 형태는 [그림 8.2]와 같습니다.

our[0].name="benny" 13bytes	our[0].age=23 4bytes	our[0].phone="010-333-4444" 13bytes
our[1].name="daniel" 13bytes	our[1].age=20 4bytes	our[1].phone="010-555-6666" 13bytes
our[2].name="joon" 13bytes	our[2].age=10 4bytes	our[2].phone="010-777-8888" 13bytes

[그림 8.2] 구조체 배열의 기억장소 할당 형태

[예제 8.2]는 구조체 배열에 데이터를 입력 받아 저장하고 출력하는 예입니다.

[예제 8.2] 구조체 배열의 활용

```
#include <stdio.h>
#define SIZE 3

struct neighbor {
    char name[13];
    int age;
    char phone[13];
};
typedef struct neighbor neighbor;

int main(int argc, char *argv[])
{
    neighbor our[SIZE];

    for (int i = 0; i < sizeof(our) / sizeof(neighbor); i++) {
```

```
이름 : benny
나이 : 23
전화번호 : 010-333-4444
이름 : daniel
나이 : 20
전화번호 : 010-555-6666
이름 : joon
나이 : 10
전화번호 : 010-777-8888

our[0] = benny, 23, 010-333-4444
our[1] = daniel, 20, 010-555-6666
our[2] = joon, 10, 010-777-8888
```

```
        printf("이름 : ");
        gets(our[i].name);

        printf("나이 : ");
        scanf("%d", &our[i].age);

        while (getchar() != '\n'); //입력 버퍼에 저장되어 있는 값 삭제

        printf("전화번호 : ");
        gets(our[i].phone);
    }
    puts("");
    for (int i = 0; i < sizeof(our) / sizeof(neighbor); i++) {
        printf("our[%d] = %s, %d, %s\n", i, our[i].name, our[i].age, our[i].phone);
    }
    return 0;
}
```

나. 구조체 포인터

일반 변수의 주소를 포인터 변수가 가질 수 있는 것처럼 구조체에서도 동일한 개념으로 포인터를 사용할 수 있습니다. 구조체 포인터 변수에 의한 멤버 참조는 간접 멤버 참조 연산자 '->'와 멤버 연산자 '.' 두 가지를 모두 사용할 수 있습니다. 구조체 포인터 변수의 형식 및 사용 예는 다음과 같습니다.

구조체 포인터의 선언 및 초기화

```
struct neighbor {
        char name[13];
        int age;
        char phone[13];
};
typedef struct neighbor neighbor;
neighbor her, our[3], *h, *o;
h=&her; //포인터 변수에 일반 변수의 주소를 대입
o=our;
```

구조체 포인터의 멤버 참조 (일반 변수)

1) 구조체포인터변수명->멤버변수
2) (*구조체포인터변수명).멤버변수
//'*' 는 '.' 보다 우선순위가 낮기 때문에 괄호 필요

구조체 포인터의 멤버 참조 (배열 변수)

1) (구조체포인터변수명+배열인덱스)->멤버변수
2) 구조체포인터변수명[배열인덱스].멤버변수
3) (*(구조체포인터변수명+배열인덱스)).멤버변수
//'*' 는 '.' 보다 우선순위가 낮기 때문에 괄호 필요

구조체 포인터의 사용 예

```
h->name;          //(*h).name;
h->age;           //(*h).age;
(o+2)->name;      //o[2].name; (*(o+2)).name;
(o+2)->age;       //o[2].age; //(*(o+2)).age;
```

[예제 8.3]은 구조체 포인터를 사용한 예입니다.

[예제 8.3] 구조체 포인터의 활용

```
#include <stdio.h>
#define SIZE 3

struct neighbor {
    char name[13];
    int age;
    char phone[13];
};
typedef struct neighbor neighbor;

int main(int argc, char *argv[])
{
    neighbor her = { "raina", 25, "010-111-2222" };
    neighbor our[SIZE] = {
        {"benny", 23, "010-111-2222"},
        {"daniel", 20, "010-333-4444"},
```

```
h->name=raina, h->age=25
(*h).name=raina, (*h).age=25

(o+0)->name=benny, (o+0)->age=23
o[0].name=benny, o[0].age=23
(*(o+0)).name=benny, (*(o+0)).age=23

(o+1)->name=daniel, (o+1)->age=20
o[1].name=daniel, o[1].age=20
(*(o+1)).name=daniel, (*(o+1)).age=20

(o+2)->name=joon, (o+2)->age=10
o[2].name=joon, o[2].age=10
(*(o+2)).name=joon, (*(o+2)).age=10
```

```
        {"joon", 10, "010-555-6666"}
    };
    neighbor *h, *o;

    h = &her;
    o = our;

    printf("h->name=%s, h->age=%d₩n", h->name, h->age);
    printf("(*h).name=%s, (*h).age=%d₩n₩n", (*h).name, (*h).age);

    for(int i=0; i<sizeof(our)/sizeof(neighbor); i++) {
        printf("(o+%d)->name=%s, (o+%d)->age=%d₩n",
                i, (o+i)->name, i, (o+i)->age);
        printf("o[%d].name=%s, o[%d].age=%d₩n",
                i, o[i].name, i, o[i].age);
        printf("(*(o+%d)).name=%s, (*(o+%d)).age=%d₩n",
                i, (*(o+i)).name, i, (*(o+i)).age);
        puts("");
    }
    return 0;
}
```

8.3 중첩된 구조체

구조체는 C언어에서 제공되는 모든 자료형의 멤버 변수를 포함할 수 있기 때문에 하나의 구조체가 또 다른 구조체를 멤버로 포함하는 것이 가능합니다. 이러한 형태의 구조체를 "중첩된 구조체"라 부르며, 이렇게 구조체가 중첩되어 있을 때에는 구조체의 개수만큼 멤버 연산자를 반복적으로 사용해 최종 멤버의 내용을 참조합니다.

중첩된 구조체 예

```
struct birth {
        int year;
        int month;
        int day;
};
typedef struct birth birth;

struct neighbor {
        char name[13];
        int age;
        char phone[13];
        birth birthday;
};
typedef struct neighbor neighbor;
```

중첩된 구조체의 참조

```
neighbor her, our[3];
neighbor *h, *o;
h = &her;
o = our;

her.birthday.year = 2001;
h->birthday.year = 2001;
(o+1)->birthday.year = 2001;
```

우리가 8장 구조체를 시작하면서 프로그램 하려고 했던 상황, 즉 "누구누구의 몇 번째 생일을 축하합니다."라는 문자열을 생성하려면 시스템에서 제공하는 현재의 날짜 정보를 알아야 합니다. 이 정보는 얻기 위해 <time.h>에서 제공하는 tm 구조체에 대한 이해가 필요합니다.

<time.h>의 tm 구조체

```
struct tm {
    int tm_sec;        //초, 0-59
    int tm_min;        //분, 0-59
    int tm_hour;       //시, 0-23
    int tm_mday;       //그 달의 날 수, 1-31
    int tm_mon;        //1월부터 월 수, 0-11
    int tm_year;       //1900년부터 연 수
    int tm_wday;       //일요일부터 요일 수, 0-6
    int tm_yday;       //1월 1일부터 날 수, 0-365
    int tm_isdst;      //절약 시간 지정(썸머타임제 사용 여부)
};
```

time_t 데이터 타입

1970년 1월 1일 자정을 기준으로 현재 시스템에 저장된 시간까지 경과된 시간을 초 단위로 나타낸 값. 64bits 사용하여 값을 저장.

사용법

```
time_t now = time(NULL); //현재 시간을 초 단위로 저장
struct tm *today;
today = localtime(&now); //today의 각 멤버에 현재 시간을 저장

//현재 시간에 해당되는 연, 월, 일
int year = today->tm_year + 1900; //연은 1900을 더함
int month = today->tm_mon + 1; //월은 1을 더함
int day = today->tm_mday;
```

[예제 8.4]는 생년월일을 입력 받아 저장한 후 현재 시스템에서 제공하는 날짜 정보와 비교하여 두 날이 같으면 친구에게 보낼 생일 축하메시지를 생성해 주는 예입니다.

[예제 8.4] 중첩된 구조체의 활용

```
benny의 생년월일을 입력해주세요(예: 20010722) : 19980416
daniel의 생년월일을 입력해주세요(예: 20010722) : 20011010
joon의 생년월일을 입력해주세요(예: 20010722) : 20100806

benny, 1998년 4월 16일생, 22세, 010-111-2222
daniel, 2001년 10월 10일생, 19세, 010-333-4444
joon, 2010년 8월 6일생, 10세, 010-555-6666

오늘의 날짜 : 2020년 8월 6일

joon님의 10번째 생일을 축하합니다^^
```

```
#include <stdio.h>
#include <time.h>
#define SIZE 3

struct birth {
    int year;
    int month;
    int day;
};
typedef struct birth birth;

struct neighbor {
    char name[13];
    int age;
    char phone[13];
    birth birthday;
};
typedef struct neighbor neighbor;

int main(int argc, char *argv[])
{
    int yyyymmdd;
    neighbor our[SIZE] = {
        {"benny", 0, "010-111-2222"},
        {"daniel", 0, "010-333-4444"},
        {"joon", 0, "010-555-6666"}
    };
    neighbor *o = our;

    time_t now = time(NULL);
    struct tm *today = localtime(&now);

    for (int i = 0; i < sizeof(our) / sizeof(neighbor); i++) {
        printf("%s의 생년월일을 입력해주세요(예: 20010722) : ", (o+i)->name);
        scanf("%d", &yyyymmdd);

        (o+i)->birthday.year = yyyymmdd / 10000;
        (o+i)->birthday.month = yyyymmdd % 10000 / 100;
        (o+i)->birthday.day = yyyymmdd % 100;
        (o+i)->age = ((today->tm_year)+1900) - (o+i)->birthday.year;
```

```
        }
        puts("");
        for (int i = 0; i < sizeof(our) / sizeof(neighbor); i++) {
            printf("%s, %d년 %d월 %d일생, %d세, %s₩n",
                (o+i)->name, (o+i)->birthday.year, (o+i)->birthday.month,
                (o+i)->birthday.day, (o+i)->age, (o+i)->phone);
        }

        printf("₩n오늘의 날짜 : %d년 %d월 %d일 ₩n₩n",
            (today->tm_year)+1900, today->tm_mon+1, today->tm_mday);

        for (int i = 0; i < sizeof(our) / sizeof(neighbor); i++) {
            if ( (o+i)->birthday.month == (today->tm_mon+1) &&
                (o+i)->birthday.day == today->tm_mday ) {
                    printf("%s님의 %d번째 생일을 축하합니다^^₩n",
                            (o+i)->name, (o+i)->age);
            }
        }
        return 0;
}
```

8.4 자기 참조 구조체

다중 구조체에서 구조체의 멤버로 또 다른 구조체를 포함할 수 있듯이, 구조체에 자신의 구조체 타입의 포인터를 멤버로 포함할 수 있습니다. 이러한 형태의 구조체의 자세한 사용법은 10장 동적 메모리 할당 부분에 자세히 설명되어 있습니다.

자기 참조 구조체의 선언

```
struct neighbor {
      char name[13];
      int age;
      struct neighbor *next; //자기 참조
};
typedef struct neighbor neighbor;
```

자기 참조 구조체의 사용

```
neighbor her, his;
her->next = his;
```

[예제 8.5]는 자기 참조 구조체를 활용하여 포인터 p를 시작으로 하는 간단한 연결 리스트를 만든 예입니다.

[예제 8.5] 자기 참조 구조체의 활용

```
#include <stdio.h>

struct neighbor {
      char name[13];
      int age;
      struct neighbor *next; //자기 참조
};
typedef struct neighbor neighbor;

int main(int argc, char *argv[])
{
      neighbor *p, a={"benny", 23}, b={"daniel", 20}, c={"joon", 10};

      p = &a;
      a.next = &b;
      b.next = &c;
      c.next = '₩0';

      while (p != NULL) {
           printf("%s, %d₩n", p->name, p->age);
           p = p->next;
      }
}
```

```
benny, 23
daniel, 20
joon, 10
```

8.5 구조체와 함수

일반적인 데이터형과 마찬가지로 구조체도 함수의 매개변수나 반환 값으로 사용될 수 있습니다. 다음은 구조체가 사용자 함수의 반환 값이나 매개변수 전달인자로 사용될 때의 함수원형과 호출의 형식들입니다.

함수에서의 구조체 멤버 변수 전달

```
#define SIZE 3
struct neighbor {
        char name[13];
        int age;
        int yymmdd[SIZE]
};
typedef struct neighbor neighbor;
neighbor her, our[SIZE];
```

함수의 원형 예	함수의 호출 예
neighbor func1(void);	her = func1(); our[1] = func1();
void func2(neighbor data);	func2(her); func2(our[1]);

void func3(neighbor *data);	func3(&her);
	func3(&our[1]);
	func3(our);

void func4(int *data, int size);	func4(her.yymmdd, SIZE); func4(our[1].yymmdd, SIZE);
void func5(int *data);	func5(&her.age); func5(&our[1].age);
void func6(char *data);	func6(her.name); func6(our[1].name);

[예제 8.6]에서는 사용자 함수에서 구조체가 사용된 예를 보였습니다.

[예제 8.6] 함수에서 구조체의 전달과 반환

```
이름을 입력하시면 해당 정보를 찾아드립니다.
이름을 입력하세요 : daniel
 => daniel, 20세, 010-333-4444입니다.
```

```
이름을 입력하시면 해당 정보를 찾아드립니다.
이름을 입력하세요 : raina
 => 정보가 없습니다.
```

```
#include <stdio.h>
#include <string.h>
#define SIZE 3

struct neighbor {
      char name[13];
      int age;
      char phone[13];
};
typedef struct neighbor neighbor;

neighbor find(neighbor *data, int size, char *n) //사용자 정의 함수
{
      neighbor tmp = {"NULL", 0, "NULL"};
      for (int i = 0; i < size; i++) {
           if (!strcmp((data + i)->name, n))
                      return (data[i]);
      }
      return tmp;
}

int main(int argc, char *argv[])
{
      char name[13]; //구조체의 멤버변수 name과 변수 name은 별개임.
      neighbor who;
      neighbor our[SIZE] = {
           {"benny", 23, "010-111-2222"},
           {"daniel", 20, "010-333-4444"},
           {"joon", 10, "010-555-6666"}
      };

      printf("이름을 입력하시면 해당 정보를 찾아드립니다.₩n");
      printf("이름을 입력하세요 : ");
      gets(name);

      who = find(our, SIZE, name);
      if (!strcmp(who.name, "NULL"))
           printf(" => 정보가 없습니다.₩n");
      else
```

```
        printf(" => %s, %d세, %s입니다.₩n", who.name, who.age, who.phone);
    return 0;
}
```

8.6 비트 필드 구조체

비트 필드 구조체는 데이터 저장 단위를 바이트가 아닌 비트로 처리해 사용하는 구조체 형식입니다. On/Off 정보나 플래그(Flag) 등 멤버 변수의 단위가 단지 몇 비트만 필요한 경우에 주로 사용됩니다. 비트 필드 구조체의 형식은 다음과 같습니다.

비트 필드 구조체 형식

```
struct 구조체명칭 {
   데이터형 비트변수1 : 비트길이;
   데이터형 비트변수2 : 비트길이;
    ...                    ;
   데이터형 비트변수n : 비트길이;
};
```

비트 필드 구조체 예

```
struct bit_field {
     unsigned a : 1; //1bit, 가질 수 있는 값은 0 또는 1
     unsigned b : 1;
     unsigned c : 1;
     unsigned d : 2; //2bits, 가질 수 있는 값은 0, 1, 2, 3
     unsigned e : 1;
     unsigned f : 1;
     unsigned g : 1;
} flag = {1, 0, 0, 3, 0, 1, 1};
```

flag(1 byte)의 저장 값과 메모리 형태

bit 7	bit 6	bit 5	bit 4	bit 3	bit 2	bit 1	bit 0
1	0	0	1	1	0	1	1
g	f	e	d		c	b	a

8.7 공용체

공용체도 구조체와 마찬가지로 사용자의 필요에 의해 새롭게 만들어지는 자료형이고, 구조체와 사용법도 일치합니다. 공용체는 union으로 시작하고, 구조체는 struct로 시작하는 것을 제외하고는 정의 방법과 선언 방법이 구조체와 동일합니다. 다른 점이라면 구조체는 모든 자료가 별개의 기억장소를 할당받지만, 공용체는 전체 멤버들 중 가장 크게 메모리 영역을 차지하는 멤버의 크기로 메모리를 할당 받은 후 나머지 모든 멤버들은 그 영역을 공유해서 사용합니다. 그렇기 때문에 공용체는 한 번에 하나의 멤버만 사용될 수 있고, 초기화나 값의 변경도 하나의 멤버에 대해서만 해 주면 모든 멤버들이 동시에 영향을 받게 됩니다. 공용체의 형식은 다음과 같습니다.

공용체 정의 및 메모리 구조

1) 공용체 정의 예

```
union u_tag {
    char ch;
    short sh;
    int in;
} info_u
```

2) 구조체 정의 예

```
struct s_tag {
    char ch;
   short sh;
```

```
    int in;
} info_s;
```

3) 공용체 및 구조체 변수 info_u, info_s의 메모리 구조

• 공용체 info_u의 메모리 구조

1 byte	1byte	1byte	1 byte
			char ch
		short sh	
int in			

• 구조체 info_s의 메모리 구조

1byte	1byte	1byte	1byte	1byte	1byte	1byte
int in				short sh		char ch

[예제 8.7]은 공용체의 성질을 이용하여 4bytes 정수를 2bytes씩 서로 교환하는 작업을 통해 사용자 함수 호출 시마다 암호화와 복호화를 번갈아 수행하게 되는 예입니다.

[예제 8.7] 공용체의 활용

```
암호화하실 숫자를 입력 하세요(종료 0) : 25
25 encoded is 6400
6400 decoded is 25
암호화하실 숫자를 입력 하세요(종료 0) : 7
7 encoded is 1792
1792 decoded is 7
암호화하실 숫자를 입력 하세요(종료 0) : 0
```

```
#include <stdio.h>

int encode_decode(int i)
{
    char ch;
    union encodeco {
        int num;
        char ch[4];
    } ende;
    ende.num = i;

    //바이트를 서로 교환해서 암호화하고, 암호화된 정수를 복호화 한다.
    ch = ende.ch[0];
    ende.ch[0] = ende.ch[1];
    ende.ch[1] = ch;
```

```
    ch = ende.ch[2];
    ende.ch[2] = ende.ch[3];
    ende.ch[3] = ch;

    return ende.num; //암호화된 정수를 반환한다.
}

int main(int argc, char *argv[])
{
    int en, de, num;

    while (1) {
        printf("암호화하실 숫자를 입력 하세요(종료 0) : ");
        scanf("%d", &num);

        if (num == 0) break;

        en = encode_decode(num); //암호화 한다.
        printf("%d encoded is %d₩n", num, en);

        de = encode_decode(en); //복호화 한다.
        printf("%d decoded is %d₩n", en, de);
    }
    return 0;
}
```

8.8 구조체와 공용체의 응용

[예제 8.8]에서는 공용체와 구조체를 동시에 사용하여 입력 받은 정수의 이진수를 출력하는 예입니다.

[예제 8.8] 구조체를 포함한 공용체의 활용

```
#include <stdio.h>

struct binary {
    //char는 1byte(8bits)
```

```
-128~127 사이의 정수를 이진수로 변환합니다.
정수를 입력하세요 : 321
다시 입력하세요 : -369
다시 입력하세요 : 16
이진수 = 0 0 0 1 0 0 0 0
```

```
    unsigned b0: 1; //LSB(가장 뒤)의 첫 번째 비트를 표현
    unsigned b1: 1; //LSB의 두 번째 비트를 표현
    unsigned b2: 1;
    unsigned b3: 1;
    unsigned b4: 1;
    unsigned b5: 1;
    unsigned b6: 1;
    unsigned b7: 1; //MSB(가장 앞)의 첫 번째 비트를 표현
};
union byteint {
    char ch; //bits구조체를 char 한 글자로 표현
    struct binary bits;
} byte;

int main(int argc, char *argv[])
{
    int num;

    printf("-128~127 사이의 정수를 이진수로 변환합니다.₩n");
    printf("정수를 입력하세요 : ");

    while (1) {
        scanf("%d", &num);
        if (-128 <= num && num <= 127) break;
        printf("다시 입력하세요 : ");
    }
    byte.ch = num;

    printf("이진수 = ");
    printf("%d ", byte.bits.b7? 1:0);
    printf("%d ", byte.bits.b6? 1:0);
    printf("%d ", byte.bits.b5? 1:0);
    printf("%d ", byte.bits.b4? 1:0);
    printf("%d ", byte.bits.b3? 1:0);
    printf("%d ", byte.bits.b2? 1:0);
    printf("%d ", byte.bits.b1? 1:0);
    printf("%d ", byte.bits.b0? 1:0);
    return 0;
}
```

[예제 8.9]에서는 구조체를 이용하여 입력 받은 2진수를 16진수로 변환해 보겠습니다.

[예제 8.9] 구조체 이용한 진법 변환

```
#include <stdio.h>
#include <string.h> //strcpy(), strcat(), strlen(), strcmp()

struct binary2hexa{
     char hexa[2];
     char bin[5];
};
typedef struct binary2hexa binary2hexa;

void makehexa(char *in, char *rst, binary2hexa *b2h, int size)
{
     int i=0, j=0;
     char temp[5]="";

     while( *(in+i) ) {
          if( *(in+i)<'0' || *(in+i)>'1' ) {
                    *(rst+0)='x';
                    return; //2진수가 아니면 리턴
          }
          i++;
     }
     if( (i%4)!=0 ) {
          *(rst+0)='x';
          return; //4비트씩이 아니면 리턴
     }
     i=0;
     while( *(in+i) ) {
          for(j=0; j<4; j++) {
                    *(temp+j) = *(in+i);
                    i++;
          }
          temp[j] = '₩0'; //4개 씩 담고

          for(j=0; j<size; j++) {
                    if( strcmp((b2h+j)->bin, temp)==0 )
                              strcat(rst, (b2h+j)->hexa);
```

```
        } //배열에 있는지 찾아서 rst에 저장
    }
}

int main(int argc, char *argv[])
{
    char input[50];
    char result[10];
    binary2hexa b2h[16] = {
        "0", "0000", "1", "0001", "2", "0010", "3", "0011",
        "4", "0100", "5", "0101", "6", "0110", "7", "0111",
        "8", "1000", "9", "1001", "A", "1010", "B", "1011",
        "C", "1100", "D", "1101", "E", "1110", "F", "1111"};

    do {
        result[0]='₩0';
        printf("4비트씩의 2진수 입력 : ");
        gets(input);

        makehexa(input, result, b2h, sizeof(b2h)/sizeof(b2h[0]));

        if(result[0]=='x') break;

        printf("  -> 16진수 변환 값은 = 0x%s₩n₩n", result);

    } while(1);

    printf("  -> 2진수 입력이 올바르지 않아 종료합니다.₩n₩n");
    return 0;
}
```

```
4비트씩의 2진수 입력 : 0011
  -> 16진수 변환 값은 = 0x3

4비트씩의 2진수 입력 : 00111111
  -> 16진수 변환 값은 = 0x3F

4비트씩의 2진수 입력 : 111100001111
  -> 16진수 변환 값은 = 0xF0F

4비트씩의 2진수 입력 : 2
  -> 2진수 입력이 올바르지 않아 종료합니다.
```

8장에서는 구조체와 공용체에 관련된 내용을 학습 했습니다. 개념 확인 학습, 적용 확인 학습, 응용 프로그래밍을 통해 지금까지 학습한 내용을 점검해 보시기 바랍니다.

제8장 ▸▸▸ 개념 확인 학습

01 구조체는 어떤 경우에 사용하게 되나요?

02 구조체를 정의 하는 방법을 설명하세요.

03 구조체 변수를 선언하는 방법을 설명하세요.

04 구조체의 멤버는 어떻게 참조하나요?

05 구조체 배열로 선언된 변수를 구조체 포인터로 접근 하려면 어떻게 해야 하나요?

06 구조체 포인터에서 '->'의 의미는 무엇인가요?

07 자기 참조 구조체란 무엇인가요?

08 구조체의 멤버 중에 또 다른 구조체가 있을 때 멤버로 포함된 구조체의 멤버들은 어떻게 참조하나요?

09 함수의 매개변수와 반환 값으로 구조체를 사용할 수 있나요?

10 비트 필드 구조체란 무엇인가요?

11 구조체와 공용체의 다른점은 무엇인가요?

제8장 ››› 적용 확인 학습

01 다음 서술 내용이 바르면 O, 그렇지 않으면 X를 표시 하세요.

A. 여러 가지 자료형을 하나로 묶어 각각의 멤버가 자신의 값을 고유하게 갖고 싶을 때에는 구조체를 선언해 사용한다. ( )

B. 여러 가지 자료형을 하나로 묶어 각각의 멤버가 값을 공유하게 하고 싶을 때에는 공용체를 선언해 사용한다. ( )

C. 구조체의 멤버로 같은 이름의 구조체는 포함 할 수는 없다. ( )

D. 구조체를 정의할 때에는 union 키워드를 사용한다. ( )

E. 구조체를 정의할 때 각각의 멤버는 쉼표(,)로 구분한다. ( )

F. 구조체는 새로운 자료형을 정의한 것이다. ( )

G. 구조체 자료형은 typedef로 간략화 해 사용할 수 있다. ( )

H. 포인터 형의 구조체 변수는 같은 타입의 구조체 변수도 구조체 배열 변수도 모두 지시할 수 있다. ( )

I. 구조체의 멤버를 참조할 때 '->' 연산자는 구조체 포인터를 의미 하므로 구조체 멤버의 주소를 지시하게 된다. ( )

J. 구조체 배열로 선언된 변수를 구조체 포인터가 지시하고 있을 때, 배열의 인덱스로는 값을 참조할 수 없어 '->'를 사용하여 구조체의 멤버에 접근한다. ( )

K. 자기 참조 구조체란 자기 자신과 같은 타입의 구조체 포인터를 멤버로 포함하고 있는 구조체이다. ( )

L. 구조체의 멤버로 또 다른 구조체를 포함 하고 있을 때 내부 구조체로는 배열을 사용할 수 없다. ( )

M. 구조체를 함수의 매개변수와 반환 값으로 사용할 때에는 일반적인 변수의 사용법과 동일하다. ( )

N. 비트 필드 구조체에서 구조체 멤버 옆의 숫자는 그 멤버의 초기 값이다. ( )

O. 비트 필드 구조체에서 구조체 멤버 옆의 숫자에 3이라고 써 있다면, 멤버는 0부터 3까지의 값을 가질 수 있다. ( )

P. 구조체는 멤버들이 메모리를 서로 공유해서 값을 저장하고 사용하기 때문에 하나의 멤버 값의 변화가 다른 멤버에게 영향을 미친다. ( )

02 다음 프로그램 코드에서 오류를 찾아 수정하세요.

A.

```
typedef neighbor { char name[13]; int age; } his;
```

B.

```
struct neighbor { char name[13]; int age; };
typedef neighbor neighbor;
neighbor his;
```

C.

```
typedef struct neighbor { char name[13]; int age; } her = {"a", 25};
neighbor our[2] = {"benny", 23,"daniel", 20 };
```

D.

```
struct birth { int month; int day; };
typedef struct birth birth;

struct neighbor { char name[13]; struct birth birthday; };
typedef struct neighbor neighbor;

neighbor her, *h;
h = her;
h->birthday->month = 3;
```

E.

```
time_t now = time(NULL);
struct tm today;
localtime(today, now);
```

F.

```
struct neighbor { char name[13]; struct neighbor next; }; //자기 참조
neighbor her, his;
her->next = his;
```

G.

```
struct bit_field { unsigned p = 1; unsigned none = 2; }  flag = {0, 0};
```

H.

```
union u_tag { char ch[4]; int in; };
u_tag info_u;
```

제8장 ▸▸▸ 응용 프로그래밍

01 제목(title)과 가격(price)을 내용으로 하는 book 구조체를 선언 하고 적당한 값을 입력 받아 구조체에 저장하고 출력하는 프로그램을 작성하세요.

```
책 제목 : C programming
책 가격 : 15000

book.title = C programming, book.price = 15000
```

02 위 1번 구조체를 이용하여 3권의 책을 저장하는 book 구조체 배열을 선언하고 적당한 값을 입력 받아 구조체 배열에 저장하고 출력하는 프로그램을 작성하세요.

```
0) 책 제목 : C programming
0) 책 가격 : 15000
1) 책 제목 : Java programming
1) 책 가격 : 16000
2) 책 제목 : C++ programming
2) 책 가격 : 17000

book[0].title = C programming, book[0].price = 15000
book[1].title = Java programming, book[1].price = 16000
book[2].title = C programming, book[2].price = 17000
```

03 위 2번 문제를 구조체 포인터를 이용하는 방법으로 수정하고 같은 결과를 나타내는지 출력 하세요.

```
0) 책 제목 : C programming
0) 책 가격 : 15000
1) 책 제목 : Java programming
1) 책 가격 : 16000
2) 책 제목 : C++ programming
2) 책 가격 : 17000

(p+0)->title = C programming, (p+0)->price = 15000
(p+1)->title = Java programming, (p+1)->price = 16000
(p+2)->title = C programming, (p+2)->price = 17000
```

04 다음과 같은 멤버를 가지는 date 구조체를 생성한 후 구조체의 타입을 date로 사용할 수 있도록 재정의 하세요.

```
//연 year(정수), 월 month(정수), 일 day(정수)
```

05 다음과 같은 멤버를 가지는 fruit 구조체를 생성한 후 구조체의 타입을 fruit으로 사용할 수 있도록 재정의 하세요.

```
//과일이름 name(문자열),
//가격 price(정수)
//만기일 expire(4번의 date 타입)
//폐기여부 throw('y' 또는 'n')
```

06 위 5번의 fruit 구조체 타입의 변수 any를 선언하여 과일이름, 가격, 만기일 정보를 입력 받아 저장하고 출력하세요.

```
과일이름 : apple
가격 : 500
만기일 : 20200901

any.name = apple
any.cost = 500
any.expire.year = 2020
any.expire.month = 9
any.expire.day = 1
any.throw = n
```

07 위 5번의 fruit 구조체 타입의 배열 변수 store를 선언하여 5개의 임의의 정보로 초기화 한 후 포인터를 이용하여 출력하세요.

```
0) name=apple, price=500, year=2020, month=9, day=1, throw=n
1) name=banana, price=500, year=2020, month=7, day=3, throw=n
2) name=orange, price=500, year=2020, month=8, day=1, throw=n
3) name=melon, price=500, year=2020, month=11, day=11, throw=n
4) name=mango, price=500, year=2020, month=12, day=25, throw=n
```

08 현재 시스템의 오늘 날짜를 구해, 위 7번 문제의 구조체에서 만기일(expire) 정보가 오늘 날짜보다 전인 항목은 폐기여부(throw)를 'y'로 그렇지 않은 항목은 'n'으로 지정하세요.

```
오늘 날짜는 2020년 8월 5일 입니다.
0) name=apple, price=500, year=2020, month=9, day=1, throw=n
1) name=banana, price=500, year=2020, month=7, day=3, throw=y
2) name=orange, price=500, year=2020, month=8, day=1, throw=y
3) name=melon, price=500, year=2020, month=11, day=11, throw=n
4) name=mango, price=500, year=2020, month=12, day=25, throw=n
```

09 8번 문제에서 오늘 날짜로 폐기 되는 항목을 출력하세요.

```
오늘 날짜는 2020년 8월 5일 입니다.
name=banana, price=500, year=2020, month=7, day=3, throw=y
name=orange, price=500, year=2020, month=8, day=1, throw=y
```

10 8번 문제에서 오늘 날짜로 폐기 되는 항목들의 총액을 출력하세요.

```
오늘 날짜는 2020년 8월 5일 입니다.
폐기 되는 항목들의 총액은 1000원입니다.
```

11 4번 ~ 10번 문제의 전체 내용을 다음에서 제시되는 함수의 기능에 따라 적절히 분류하여 같은 결과를 출력하도록 수정하세요.

- void save_data(fruit *f, int size);
  //size크기의 구조체 배열을 임의의 정보로 초기화 한다.
- fruit find(fruit *f, char *name);
  //전체 구조체에서 특정 name에 해당하는 구조체 정보를 반환한다.
- void set_throw(fruit *f, int size);
  //현재 시스템의 오늘 날짜를 구해,
  //구조체에서 만기일(expire) 정보가 오늘 날짜보다 전인 항목은
  //폐기여부(throw)를 'y', 그렇지 않은 항목은 'n'으로 지정한다.
- int total_throw_cost(fruit *f, int size);
  //폐기되는 항목들의 총액을 반환한다.
- void print_throw(fruit *f, int size);
  //오늘 날짜로 폐기되는 항목을 출력한다.
- void print_all(fruit *f, int size);
  //구조체의 모든 항목을 출력한다.

12 [예제 8.9]는 구조체를 이용하여 입력 받은 2진수를 16진수로 변환하는 예제였습니다. 이 예제를 거꾸로 변경하여 16진수를 입력 받아 2진수를 출력하도록 수정하세요.

```
16진수 입력 : 2
    0010

16진수 입력 : 1f
    0001 1111

16진수 입력 : f00f
    1111 0000 0000 1111

16진수 입력 : k2
    16진수가 아닙니다. 종료합니다.
```

13 어느 소프트웨어 공모전에서 다음과 같은 문제가 출제 되었습니다. 문제에 숨겨진 도시의 이름은 무엇일까요?

8개의 0과 1로 만들어진 숫자 한 줄은 하나의 문자입니다. 이 숫자들이 의미하는 문자들을 나열하면 도시의 이름입니다.
가장 먼저 정답을 제출한 분께 정답에 해당하는 도시를 여행할 수 있는 자유여행권 상품을 드립니다.
이 문제는 공용체와 구조체를 이용하면 쉽게 해결됩니다.
정답에 해당하는 도시이름은 무엇일까요?

```
01000010
01110101
01110011
01100001
01101110
00100000
01001010
01100101
01101010
01110101
```

제9장

파일 입력과 출력

Chapter 09

파일 입력과 출력

9장 이전에서 프로그램이 입력을 받거나 결과를 출력 할 때 사용했던 도구는 키보드와 모니터였습니다. 이제 입출력의 영역을 넓혀 사용자가 지정한 파일에서 입력과 출력을 수행하려고 합니다.

[그림 9.1]에서 알 수 있듯이 키보드와 모니터는 표준 입력(stdin)과 표준 출력(stdout) 이라는 도우미가 프로그램과 연결되어 입출력이 가능하도록 도와줍니다. 그렇다면 파일 입출력을 수행 할 때에도 이런 도우미가 필요할 텐데요, 그 도우미가 파일 포인터(File Pointer)입니다. 파일 포인터를 이용하여 파일에서 읽기도 하고, 파일로 출력도 합니다. 그러니 파일 입출력을 수행하려면 가장 먼저 파일 포인터부터 만들어야 합니다.

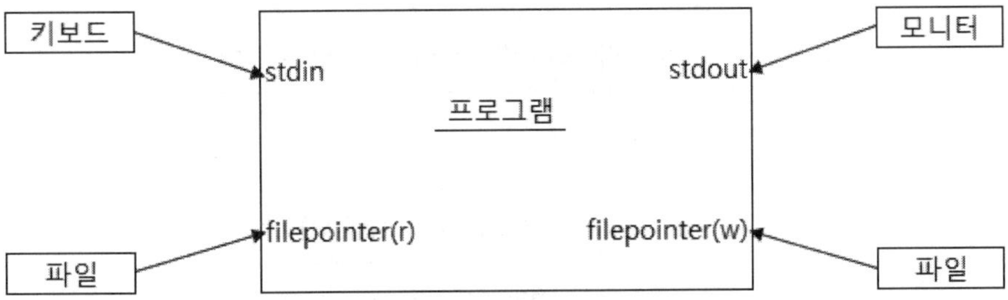

[그림 9.1] 프로그램의 입력과 출력 형태

9.1 파일 포인터

파일 입출력을 위해서는 파일에 관한 정보를 운영체제에 알려주어야 하며, 이러한 정보는 〈stdio.h〉에 정의되어있는 FILE 구조체를 사용하여 저장합니다. 파일 포인터는 이러한 파일에 관한 정보가 저장되어있는 곳을 지시하는 포인터입니다.

파일 포인터 형식

```
FILE *파일포인터명;
```

파일 포인터 선언의 예

```
FILE *fp, *in, *out;
```

파일을 사용하기 위해서는 [그림 9.2]의 과정처럼 사용자가 지정한 파일에 관한 정보를 파일 포인터에 저장한 후, 이 파일 포인터를 이용하여 입출력을 수행해야 합니다.

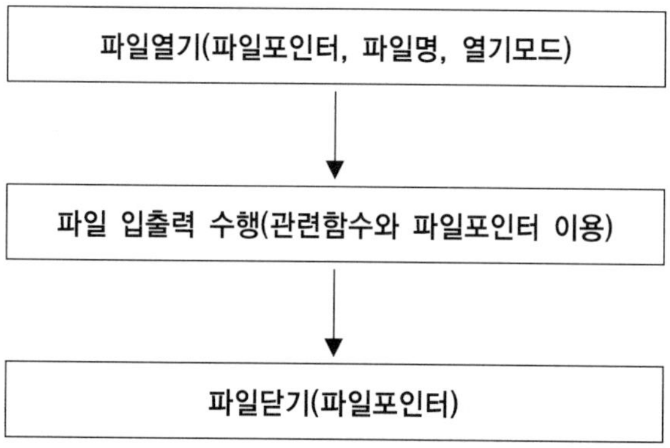

[그림 9.2] 파일 처리 과정

가. 파일 열기 : fopen()

파일 입출력을 수행하기 위해서는 프로그램과 파일 사이에서 도우미의 역할을 하는 파일 포인터를 지정해 주어야 하는데요, 이 과정을 파일 열기라고 합니다. 파일을 열기 위해서는 fopen() 함수를 사용합니다. fopen()은 지정된 열기 모드로 프로그램이 해당 파일을 사용할 수 있도록 준비합니다. 파일에 대한 열기가 정상적으로 수행되면 파일명에 해당되는 파일 포인터를 반환하며 그렇지 않을 경우 NULL 값을 반환합니다.

만약 컴파일러로 Microsoft Visual Studio 2010 이후의 버전을 사용하고 계시다면 파일을 열기 위해서는 fopen_s() 함수를 사용합니다. fopen_s()는 파일에 대한 열기가 정상적으로 수행되면 0, 실패하면 0이외의 값을 반환합니다.

fopen() 형식

```
filepointer = fopen(char *filename, char *openmode);
```

- filepointer : 파일 포인터 이름
- filename : 사용하고자 하는 파일의 이름
- openmode: 사용하고자 하는 파일을 여는 방법([표 9.1] 참조)
- 성공 : 파일 포인터를 반환, 실패 : NULL 값을 반환.

fopen() 사용 예

```
FILE *fp, *in, *out;
char *filename = "ans.txt", *openmode = "w+b";

fp = fopen("test.txt", "r"); //파일이름으로 직접 열기
in = fopen("a:₩work₩test1.txt", "w+"); //파일이름과 경로 지정
out = fopen(filename, "a+"); //문자열 변수를 이용한 파일 열기
out = fopen(filename, openmode);
```

컴파일러로 Microsoft Visual Studio 2010 이후 버전 사용 시 형식

```
errno_t fopen_s(FILE **filepointer, char *filename, char *openmode);
```

- errno_t : 반환 값(성공이면 0, 실패이면 0이외의 값)

```
fopen_s(&fp, "test.txt", "r");
```

파일을 여는 방법은 다음 [표 9.1]을 참고하시면 됩니다. 파일을 열 때에는 텍스트 모드(text mode)와 이진 모드(binary mode)의 두 가지 형태를 사용할 수 있습니다. 텍스트 모드는 파일을 열기 위한 디폴트(default) 모드이지만 문자 파일을 지정하기 위해 속성 문자열로 ‘t’를 추가할 수 있습니다. 이진 모드는 실행파일 형식의 이진 파일 처리용으로 사용되며 속성 문자열에 ‘b’를 첨가함으로서 지정됩니다.

[표 9.1] fopen()에서 파일을 여는 방법

여는 방법	사용 예	기능
r	r, rt, rb, r+b	파일을 읽기 전용으로 연다. 해당 파일이 없으면 오류가 발생한다.
r+	r+t	존재하는 파일을 읽기와 쓰기가 가능한 상태로 연다. 해당 파일이 없으면 오류가 발생한다. 파일 포인터는 파일의 시작 부분에 위치한다.
w	wt, wb	파일을 쓰기 전용으로 연다. 파일은 자동으로 만들어 진다.같은 이름의 파일이 이미 존재하면 내용을 모두 지우고 파일 포인터는 파일의 시작 부분에 위치한다.
w+	w+t, w+b	파일을 읽기와 쓰기가 가능한 상태로 연다. 파일은 자동으로 만들어 진다. 같은 이름의 파일이 이미 존재하면 내용을 모두 지우고 파일 포인터는 파일의 시작 부분에 위치한다.
a	at, ab	파일을 추가(쓰기) 전용으로 연다. 파일의 내용이 있는 경우 파일 포인터가 파일의 맨 끝으로 자동으로 이동해 새로운 내용을 파일의 마지막 부분부터 덧붙여 쓸 수 있도록 한다. 만약 해당 파일이 없으면 새로운 파일이 자동으로 생성된다.
a+	a+t, a+b	파일을 읽기와 추가(쓰기)가 가능한 상태로 연다. 지정된 파일이 없으면 생성되고, 있으면 그 파일의 맨 끝으로 파일포인터가 이동하여 읽기 또는 쓰기가 이루어진다.

나. 파일 닫기 : fclose()

파일을 열어 일련의 입출력을 진행한 후에는 파일을 반드시 닫아 주어야 하며, 이 때 fclose() 함수를 사용합니다.

fclose() 형식

```
int fclose(FILE *fp)
```

fclose() 사용 예

```
FILE *fp;
fclose(fp);
```

9.2 형식 지정 텍스트 파일 입출력 : fprintf(), fscanf()

파일 입출력을 수행하는 fprintf(), fscanf()는 표준 입출력 함수인 printf(), scanf()와 같은 기능을 합니다. 이 두 함수가 printf(), scanf()와 단 하나 다른 점이 있다면, 어디에서 입력과 출력을 수행할지를 명시하는 매개 변수가 하나 더 존재한다는 것입니다. fprintf(), fscanf() 함수의 첫 번째 매개변수가 파일 포인터이면 파일에서 입출력을 수행하며, stdin이면 키보드로 부터의 입력, stdout이면 모니터로의 출력을 의미합니다. 즉, fprintf()는 printf()를 fscanf()는 scanf()를 대체할 수 있습니다. 또한 이 두 함수는 텍스트 모드(text mode)로 파일 입출력을 수행합니다.

fprintf() / fscanf() 형식

```
int fprintf(FILE *fp, "출력형식지정문자열", 변수1, 변수2, ....);
int fscanf(FILE *fp, "입력형식지정문자열", 변수1, 변수2, ....);
```

fprintf() / fscanf() 사용 예

```
FILE *fp;
int num;
char name[10];

fprintf(fp,"%s %d", name, num); //fp가 지시하는 파일로 출력
fscanf(fp, "%s %d", name, &num); //fp가 지시하는 파일에서 읽어 해당 변수
에 저장.

fprintf(stdout,"%s %d", name, num); //stdout 즉, 모니터로 출력
fscanf(stdin,"%s %d", name, &num); //stdin 즉, 사용자가 키보드로 입력하
는 내용을 해당 변수에 저장.
```

컴파일러로 Microsoft Visual Studio 2010 이후 버전 사용 시 형식

```
int fscanf_s(FILE *fp, "입력형식지정문자열", 변수1, 변수2, ....);
fscanf_s(fp, "%s %d", name, 10, &num);
fscanf_s(stdin,"%s %d", name, 10, &num);
```

[예제 9.1]은 fprintf()를 사용하여 파일과 모니터로 출력하는 간단한 예제입니다. 저장할 파일명을 main()함수의 매개변수인 argv[]에서 받아 사용했습니다. 사용된 함수 "fprintf(stdout, ...)"은 화면으로 "fprintf(fp, ...)"는 파일로 같은 내용을 출력했습니다.

[예제 9.1] fprintf() 함수의 활용

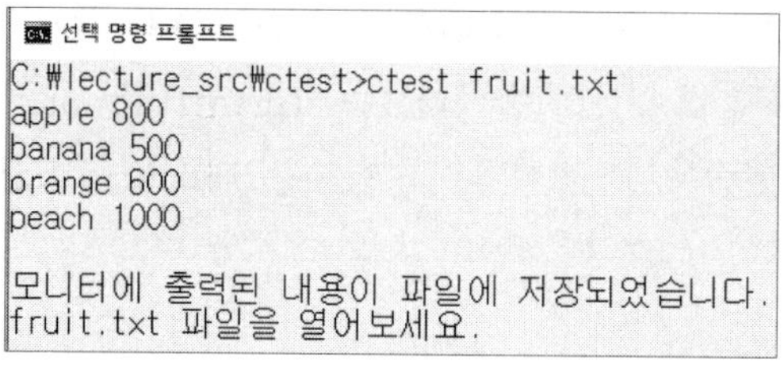

```
#include <stdio.h>
#include <stdlib.h>
#define SIZE 4

struct unit {
    char fruit[10];
    int price;
};
typedef struct unit unit;

int main(int argc, char *argv[])
{
    FILE *fp;
    unit list[SIZE] = { "apple", 800, "banana", 500, "orange", 600, "peach", 1000
};

    fp = fopen(argv[1], "w");
    //fp = fopen("fruit.txt", "w");
    if (fp == NULL) {
        //if (fopen_s(&fp, argv[1], "w")) {
        //if (fopen_s(&fp, "fruit.txt", "w")) {
        printf("%s Can't open file", argv[1]);
        exit(1);
    }
    for (int i = 0; i < sizeof(list) / sizeof(unit); i++) {
        fprintf(stdout, "%s %d₩n", (list + i)->fruit, (list + i)->price);
        fprintf(fp, "%s %d₩n", (list + i)->fruit, (list + i)->price);
    }
    fprintf(stdout, "₩n모니터에 출력된 내용이 파일에 저장되었습니다.₩n");
    fprintf(stdout, "%s 파일을 열어보세요.₩n₩n", argv[1]);
    fclose(fp);
    return 0;
}
```

[그림 9.3]은 컴파일러로 Microsoft Visual Studio 2010 이후 버전들을 사용할 때의 main()함수의 매개변수 입력 방법입니다.

[그림 9.3] 컴파일러로 Microsoft Visual Studio 2010 이후 버전 사용 방법

[예제 9.2]에서는 fscanf()를 사용하여 [예제 9.1]에서 사용된 파일의 내용을 읽어 화면으로 출력해 보겠습니다.

[예제 9.2] fscanf() 함수의 활용

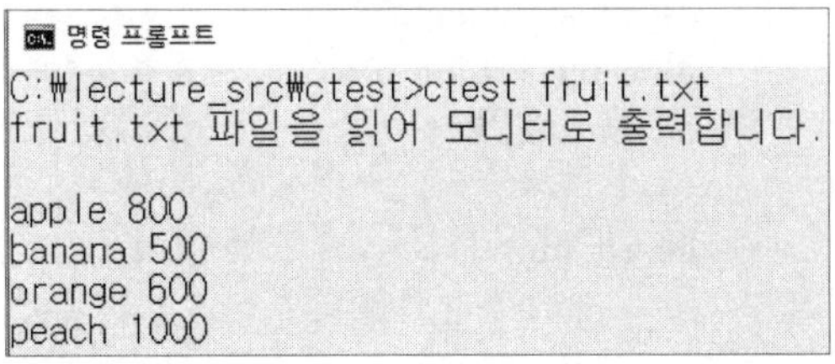


```
#include <stdio.h>
#include <stdlib.h>
#define SIZE 4

struct unit {
     char fruit[10];
     int price;
};
typedef struct unit unit;

int main(int argc, char *argv[])
{
     FILE *fp;
     unit list[SIZE];

     fp = fopen(argv[1], "r");
     if (fp == NULL) {
          //if (fopen_s(&fp, argv[1], "r")) {
          printf("%s Can't open file", argv[1]);
          exit(1);
     }
     fprintf(stdout, "%s 파일을 읽어 모니터로 출력합니다.₩n₩n", argv[1]);

     for (int i = 0; i < sizeof(list) / sizeof(unit); i++) {
```

```
            fscanf(fp, "%10s %d", (list + i)->fruit, &(list + i)->price);
            fprintf(stdout, "%s %d₩n", (list + i)->fruit, (list + i)->price);
        }
        fclose(fp);
        return 0;
}
```

[예제 9.3]에서는 [예제 9.1]에서 데이터를 저장했던 fruit.txt 파일의 내용을 읽어, price 변수의 값이 800 이상인 정보들만 골라 price_over800.txt 파일에 저장해 보겠습니다. 두 파일명들은 main() 함수의 매개변수인 argv[]에 받아 사용했습니다.

[예제 9.3] fprintf()와 fscanf() 함수의 활용

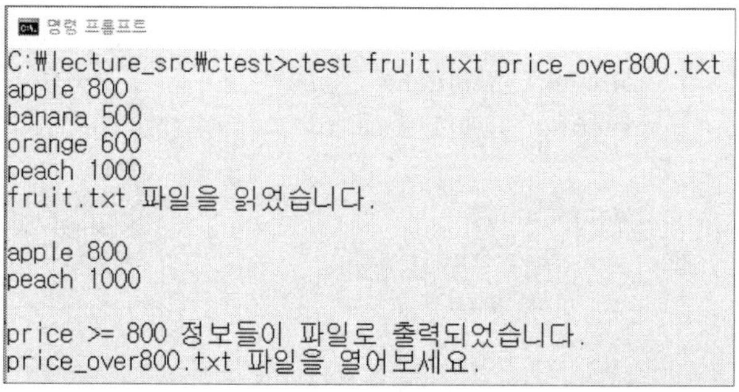

```
#include <stdio.h>
#include <stdlib.h>
#define SIZE 4

struct unit {
        char fruit[10];
        int price;
};

typedef struct unit unit;

int main(int argc, char *argv[])
{
        FILE *fp;
        unit list[SIZE];

        fp = fopen(argv[1], "r"); //argv[1] = "fruit.txt"
        if (fp == NULL) {
            printf("%s Can't open file", argv[1]);
            exit(1);
        }
        for (int i = 0; i < sizeof(list) / sizeof(unit); i++) {
            fscanf(fp, "%s %d", (list + i)->fruit, &(list + i)->price);
            fprintf(stdout, "₩%s %d₩n", (list + i)->fruit, (list + i)->price);
```

```
    }
    fprintf(stdout, "%s 파일을 읽었습니다.₩n₩n", argv[1]);
    fclose(fp);

    fp = fopen(argv[2], "w"); //price_over800.txt
    if (fp == NULL) {
        printf("%s Can't open file", argv[2]);
        exit(1);
    }
    for (int i = 0; i < sizeof(list) / sizeof(unit); i++) {
        if ((list + i)->price >= 800) {
                fprintf(stdout, "%s %d₩n", (list+i)->fruit, (list+i)->price);
                fprintf(fp, "%s %d₩n", (list+i)->fruit, (list+i)->price);
        }
    }
    fprintf(stdout, "₩nprice >= 800 정보들이 파일로 출력되었습니다.₩n");
    fprintf(stdout, "%s 파일을 열어보세요.₩n₩n", argv[2]);
    fclose(fp);
    return 0;
}
```

9.3 블록 단위 바이너리 파일 입출력 : fwrite(), fread()

9.2절까지의 내용을 통해 파일 입출력이 보통의 입출력과 크게 다르지 않다는 것을 알게 되셨을 겁니다. 이제 그 입출력의 범위를 바이너리로 넓혀 보겠습니다. 파일의 입출력 처리 과정에서 정수 한 개, 정수 여래 개 등 특정 크기의 데이터를 입출력해야 할 경우가 있습니다. 이런 경우에는 데이터를 바이너리 형태의 블록 단위로 입출력해야 합니다. 또한 .data .bin 등의 파일 확장자를 갖는 이진 모드의 파일에서 사용할 수 있습니다.

fwrite() 함수는 버퍼에 저장되어 있는 (블록 크기×블록 수)bytes의 데이터를 파일 포인터에 출력하고 fread() 함수는 같은 크기의 데이터를 프로그램으로 읽어 드립니다. 즉, fwrite(), fread()는 명칭과 기능만 바뀔 뿐 내부의 매개변수들을 동일하게 사용합니다.

fwrite() / fread() 형식

```
size_t fwrite(const void *buffer, size_t size, size_t count, FILE *fp);
size_t fread(void *buffer, size_t size, size_t count, FILE *fp);
```

- size_t fwrite(버퍼, 블록 크기, 블록 수, 파일 포인터);
- size_t fread(버퍼, 블록 크기, 블록 수, 파일 포인터);

- buffer가 가리키는 곳에서 size 바이트 크기를 갖는 count개의 객체를 파일 포인터 fp와 관련된 파일에 쓰거나 프로그램으로 읽어 들인다.
- 반환 값 : 쓰여 진 또는 읽혀 진 객체의 수를 반환. 오류가 발생하면 count보다 작은 값이 반환된다.

fwrite() / fread() 사용 예

```
FILE *fp;
char name[10];
int num;

fwrite(name, sizeof(name), 1, fp);
fread(name, sizeof(name), 1, fp);

fwrite(&num, sizeof(int), 1, fp);
fread(&num, sizeof(int), 1, fp);
```

[예제 9.4]에서는 [예제 9.1]의 fprintf()의 활용과 같은 내용을 fwrite()로 수정해서 fruit.bin 파일에 저장 해 보았습니다. 어떤 부분이 변경되었나요? 파일을 오픈하는 모드가 "wb"로 변경되었고, 파일에 저장하는 부분이 “fwrite(list, sizeof(list), 1, fp);” 한 문장으로 변경되었습니다.

[예제 9.4] fwrite() 함수의 활용

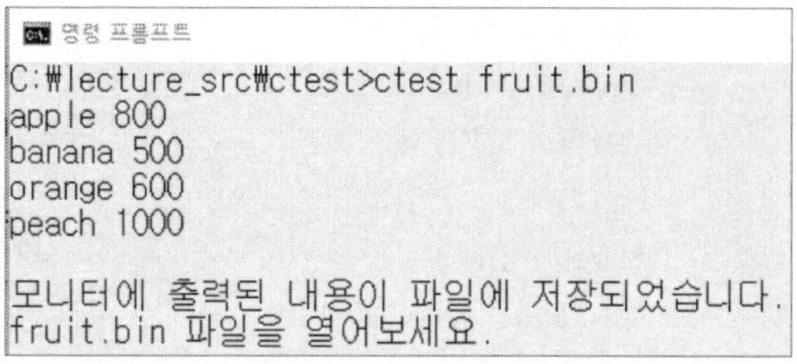

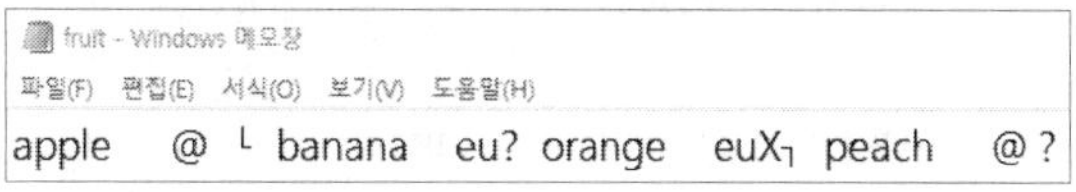


```
#include <stdio.h>
#include <stdlib.h>
#define SIZE 4

struct unit {
    char fruit[10];
    int price;
};
typedef struct unit unit;

int main(int argc, char *argv[])
{
    FILE *fp;
    unit list[SIZE] = { "apple", 800, "banana", 500, "orange", 600, "peach", 1000
};

    fp = fopen(argv[1], "wb"); //argv[1] = "fruit.bin"
    if (fp == NULL) {
        printf("%s Can't open file", argv[1]);
        exit(1);
    }
    for (int i = 0; i < sizeof(list) / sizeof(unit); i++) {
        fprintf(stdout, "%s %d₩n", (list + i)->fruit, (list + i)->price);
    }
    fwrite(list, sizeof(list), 1, fp);

    fprintf(stdout, "₩n모니터에 출력된 내용이 파일에 저장되었습니다.₩n");
    fprintf(stdout, "%s 파일을 열어보세요.₩n₩n", argv[1]);
    fclose(fp);
    return 0;
}
```

실행 결과에서 나타나듯이 fruit.bin 파일의 내용을 메모장으로 확인 해 보면 화면에 출력된 형태와 다르다는 것을 알 수 있습니다. 이것은 저장 형태가 바이너리인 파일을 텍스트 형태의 데이터를 보여주는 메모장에서 확인했기 때문이지 잘못된 것은 아닙니다. [예제 9.5]와 같이 바이너리 형태로 저장된 파일의 내용을 fread()를 사용해서 읽어 들이면 아무 문제없이 데이터가 프로그램으로 읽혀지는 것을 확인할 수 있습니다.

[예제 9.5] fread() 함수의 활용

```
#include <stdio.h>
#include <stdlib.h>
#define SIZE 4

struct unit {
    char fruit[10];
    int price;
};
typedef struct unit unit;

int main(int argc, char *argv[])
{
    FILE *fp;
    unit list[SIZE];

    fp = fopen(argv[1], "rb"); //argv[1] = "fruit.bin"
    if (fp == NULL) {
        printf("%s Can't open file", argv[1]);
        exit(1);
    }
    fprintf(stdout, "%s 파일을 읽어 모니터로 출력합니다.₩n₩n", argv[1]);

    fread(list, sizeof(list), 1, fp);

    for (int i = 0; i < sizeof(list) / sizeof(unit); i++) {
        fprintf(stdout, "%s %d₩n", (list + i)->fruit, (list + i)->price);
    }
    fclose(fp);
    return 0;
}
```

```
명령 프롬프트
C:₩lecture_src₩ctest>ctest fruit.bin
fruit.bin 파일을 읽어 모니터로 출력합니다.

apple 800
banana 500
orange 600
peach 1000
```

9.4 파일의 끝과 오류 처리

지금까지 설명 드렸던 예제들은 파일에 존재하는 데이터의 개수를 "#define SIZE 4"로 선언해 놓고 프로그램 했었습니다. 그런데 대부분의 파일 입력에서는 파일에 데이터가 얼마만큼 있는지 알지 못하는 상태에서 파일의 내용을 읽어드리게 됩니다.

그렇다면 몇 번의 반복을 돌면서 데이터를 읽어야 하는 것일까? 하는 의문이 남게 됩니다. 이 문제 해결을 위해서 [그림 9.4]에서처럼 모든 파일의 끝에는 파일의 끝(EOF)을 지시하는 표식이 숨어 있습니다. 즉, 파일의 데이터를 하나씩 읽어가다가 현재 읽은 내용이 EOF이면 파일의 끝까지 다 읽은 것입니다. 파일 끝인지 아닌지를 평가하는 함수인 feof()의 형식은 다음과 같습니다.

a	p	p	l	e	EOF

[그림 9.4] 파일의 끝(EOF)

feof() 형식

```
int feof(FILE *fp);
```

- 파일의 끝이 아니면 0을 반환

feof() 예

```
FILE *fp
char ch;

while(!feof(fp))
    fread(&ch, sizeof(char), 1, fp);

while(1) {
    if (feof(fp)) break; //추천하는 방법
};
```

위 feof() 함수의 예에서 feof(fp)를 사용하는 두 가지 방법을 제시했습니다. while 반복 조건에 feof() 함수가 존재할 경우와 while의 수행문 내부에 feof() 함수가 존재할 때 어떻게 다른가요? 이 두 가지 방법이 어떻게 다른 결과를 가져오는지 [예제 9.6]에서 보이겠습니다.

[예제 9.6] feof() 함수의 서로 다른 사용법

```
chars - Windows 메모장
파일(F) 편집(E) 서식(O)
abcdefghijk
```

```
파일을 읽습니다.
accdefghijkk
```

```
#include <stdio.h>
#include <stdlib.h>
int main(int argc, char *argv[])
{
  FILE *fp;
  char ch;

  fp = fopen("chars.txt", "r");
  if (fp == NULL) {
    printf("%s Can't open file", argv[1]);
    exit(1);
}
  printf("파일을 읽습니다.₩n");

  while (!feof(fp)) {
    fscanf(fp, "%c", &ch);
    printf("%c", ch);
  };
  fclose(fp);
  return 0;
}
```

```
파일을 읽습니다.
accdefghijk
```

```
#include <stdio.h>
#include <stdlib.h>
int main(int argc, char *argv[])
{
  FILE *fp;
  char ch;

  fp = fopen("chars.txt", "r");
  if (fp == NULL) {
    printf("%s Can't open file", argv[1]);
    exit(1);
}
  printf("파일을 읽습니다.₩n");

  while(1) {
    fscanf(fp, "%c", &ch);
    if (feof(fp)) break;
    printf("%c", ch);
  };
  fclose(fp);
  return 0;
}
```

[예제 9.6]의 실행결과에서 알 수 있듯이 while 반복 조건에 feof(fp)가 존재할 때에는 해당 파일의 마지막 문자가 두 번 출력되었습니다. 그러나 while 반복의 수행문 내부에 feof(fp)가 존재할 때에는 파일과 같은 내용이 출력되었습니다.

feof() 함수는 다음에 읽어오는 부분이 파일의 끝임을 물어보는 것이 아니라, 이미 읽은 부분이 파일의 끝임을 물어보는 함수입니다. 따라서 while 반복 조건에 feof(fp)가 존재할 때에는 파일의 끝인 EOF를 만났다 하더라도 while 반복을 한 번 더 돌아야 그것이 파일의 끝임을 알 수 있습니다. 그렇기 때문에 while 반복의 수행문 내부에서 파일의 내용을 읽은 다음 feof() 함수 사용해야 원하는 결과를 얻을 수 있습니다. feof() 함수를 사용할 때 자주 실수하는 부분이니 내용을 잘 파악 해 두시기 바랍니다.

파일의 내용을 읽다보면 오류가 발생할 수도 있는데요, 오류를 체크할 수 있는 함수인 ferror()의 형식은 다음과 같습니다.

ferror() 형식

```
int ferror(FILE *fp);
```

- 오류가 발생하지 않았으면 0을 리턴

ferror() 예

```
fread(&ch, sizeof(char), 1, fp);
if(ferror(fp))
    printf("file error");
```

[예제 9.7]에서는 feof()와 ferror()을 사용하여 [예제 9.1]에서 저장한 파일의 내용을 읽어보겠습니다.

[예제 9.7] 파일의 끝과 오류 여부 판단

```
#include <stdio.h>
#include <stdlib.h>

int main(int argc, char *argv[])
{
    FILE *fp;
    char ch;

    fp = fopen(argv[1], "r"); //argv[1]="fruit.txt"
    if (fp == NULL) {
        printf("%s Can't open file", argv[1]);
        exit(1);
    }
```

```
명령 프롬프트
C:\lecture_src\ctest>ctest fruit.txt
apple 800
banana 500
orange 600
peach 1000
```

```
        while (1) {
            fread(&ch, sizeof(char), 1, fp);

            if (ferror(fp)) {
                    printf("file read error");
                    break;
            }
            if (feof(fp)) break;

            fprintf(stdout, "%c", ch);
        }
        fclose(fp);
        return 0;
}
```

9.5 랜덤 파일 처리

파일을 open() 하면 파일 포인터는 파일에 가장 첫 위치에 놓이게 되며, 그 위치에 데이터를 저장한 후 다음 데이터를 저장할 위치에 놓이게 됩니다. 파일의 저장이 완료되고 fclose()가 호출되면 파일의 끝에 EOF가 저장되고 파일은 닫히게 됩니다. 예를 들어 파일에 정수 아홉 개를 저장한 후 어떤 필요에 의해 마지막에서 두 번째 존재하는 정수 값이 필요해 졌다고 생각해 보세요. 이 필요는 어떻게 채울 수 있을까요? 파일 포인터를 원하는 위치 즉, 마지막에서 두 번째 정수가 존재하는 위치에 옮겨놓고 그곳에 있는 값을 읽으면 됩니다. 이렇게 파일 포인터를 원하는 위치로 옮기는 방법을 랜덤 파일 처리하고 합니다.

파일 포인터 위치를 랜덤하게 변경시키려면 fseek() 함수를 사용합니다. fseek() 함수는 파일 포인터를 기준점에서 오프셋(offset) 바이트만큼 이동시킵니다. fseek() 함수의 형식은 다음과 같으며 기준점과 오프셋 범위는 [표 9.2]와 같습니다.

fseek() 형식

```
int fseek(FILE *fp, long offset, int origin);
```

- 이 함수가 성공적으로 이동한 경우에는 0을 반환.
- 오프셋 바이트의 길이는 long형으로 뒤에 'L'를 붙임.

fseek() 예

```
fseek(fp, 0L, SEEK_SET);        //파일 포인터 fp를 파일의 처음으로 이동
fseek(fp, -9L, SEEK_SET);       //오류
fseek(fp, 9L, 0);               //fp를 파일의 처음에서 9bytes 뒤로 이동
fseek(fp, -9L, SEEK_END);       //fp를 파일의 끝에서 9bytes 앞으로 이동
fseek(fp, 9L, SEEK_CUR);        //fp를 현재 위치에서 9bytes 뒤로 이동
fseek(fp, -9L, 1);              //fp를 현재 위치에서 9bytes 앞으로 이동
fseek(fp, 0L, 2);               //fp를 파일의 끝으로 이동
fseek(fp, 0L, SEEK_END);        //fp를 파일의 끝으로 이동
```

[표 9.2] 기준점과 오프셋 범위

기준점		의미	오프셋 범위
SEEK_SET	0	파일의 처음	0 ~ 양수
SEEK_CUR	1	현재 위치	음수 ~ 양수
SEEK_END	2	파일의 끝	음수 ~ 0

ftell() 함수는 파일 포인터의 현재 위치를 반환합니다. 반환된 값은 파일 포인터의 현재 위치가 파일의 시작점으로부터 얼마만큼 떨어져 있는지를 바이트 수로 나타내는 논리적 파일의 위치 값입니다.

ftell() 형식

```
long ftell(FILE *fp);
```

- 이 함수가 성공적으로 수행되면 현재의 파일 포인터 위치를 반환.
- 오류가 발생하면 -1을 반환.

fseek() 예

```
FILE *fp;
int position;
position = ftell(fp);
```

[예제 9.8]에서는 정수형 배열의 내용을 파일에 저장한 후 파일 포인터를 마지막에서 두 번째 정수로 옮겨 그곳의 값을 읽어 보겠습니다.

[예제 9.8] fseek()과 ftell() 함수의 활용

```
#include <stdio.h>
#include <stdlib.h>
#define POS 2

int main(int argc, char *argv[])
{
    FILE *fp;
    int nums[9] = {9, 8, 7, 6, 5, 4, 3, 2, 1};
    int position, last2second;

    fp = fopen(argv[1], "wb"); //argv[1]="nums.data"
    if (fp == NULL) {
        printf("%s Can't open file", argv[1]);
        exit(1);
    }
    fwrite(nums, sizeof(nums), 1, fp); //nums 배열을 파일에 쓴다.
    fclose(fp);
    printf("데이터를 %s에 저장했습니다.\n", argv[1]);

    fp = fopen(argv[1], "rb"); //argv[1]="nums.data"
    if (fp == NULL) {
        printf("%s Can't open file", argv[1]);
        exit(1);
    }

    position = ftell(fp); //파일 포인터의 위치를 읽음
    printf("fp의 처음 위치 = %d\n", position);

    fseek(fp, -(sizeof(int)*POS), SEEK_END); //파일 포인터 이동
    position = ftell(fp);
    printf("fp의 마지막에서 두 번째 정수의 위치 = %d\n", position);

    fread(&last2second, sizeof(int), 1, fp);
    printf("fp의 마지막에서 두 번째 정수의 값 = %d\n", last2second);
    fclose(fp);
    return 0;
}
```

명령 프롬프트

```
C:\lecture_src\ctest>ctest nums.data
데이터를 nums.data에 저장했습니다.
fp의 처음 위치 = 0
fp의 마지막에서 두 번째 정수의 위치 = 28
fp의 마지막에서 두 번째 정수의 값 = 2
```

9.6 그 밖의 파일 입출력 함수들

형식

int fgetc(FILE *fp)
- fp와 연결된 파일에서 하나의 문자를 읽음.

int fputc(int ch, FILE *fp)
- fp와 연결된 파일에 하나의 문자를 출력.

char *fgets(char *str, int maxcount, FILE *fp)
- fp와 연결된 파일에서 maxcount 만큼의 문자(문자열)를 읽거나 줄 바꿈 문자가 있을 때까지 읽음.
- 문자열의 끝에는 NULL('₩0') 문자를 자동으로 추가.

int fputs(const char *str, FILE *fp)
- fp와 연결된 파일에 str에 저장된 문자열을 출력.

[예제 9.9]는 fgetc() 함수를 사용하여 두 텍스트 파일의 내용이 같은지 다른지를 비교해 보는 예제입니다.

[예제 9.9] 두 텍스트 파일의 내용 비교

```
#include <stdio.h>
#include <stdlib.h>

int main(int argc, char *argv[])
{
    FILE *fpa, *fpb;
    char cha, chb;

    fpa = fopen(argv[1], "r");
    if (fpa == NULL) {
        printf("%s Can't open file", argv[1]);
        exit(1);
    }
    fpb = fopen(argv[2], "r");
    if (fpb == NULL) {
```

```
명령 프롬프트
C:₩lecture_src₩ctest>ctest fruit.txt fruit.txt
fruit.txt와 fruit.txt의 내용은 같습니다.

C:₩lecture_src₩ctest>ctest fruit.txt chars.txt
fruit.txt와 chars.txt의 내용은 다릅니다.
```

```
            printf("%s Can't open file", argv[2]);
            exit(1);
        }
        while(1) {
            cha = fgetc(fpa);
            chb = fgetc(fpb);

            if(cha != chb) {
                    printf("%s와 %s의 내용은 다릅니다.₩n", argv[1], argv[2]);
                    break;
            } else if((cha==EOF) && (chb==EOF)) {
                    printf("%s와 %s의 내용은 같습니다.₩n", argv[1], argv[2]);
                    break;
            }
        }
        fclose(fpa);
        fclose(fpb);
        return 0;
}
```

9.7 파일 입출력 응용

[예제 9.10]에서는 파일에 저장된 내용을 읽어 구조체 배열에 저장한 후 사용자가 원하는 정보를 출력하는 예제를 만들어 보았습니다.

[예제 9.10] 파일 입출력 응용문제

아래의 형식으로 저장된 파일이 sales.txt의 내용입니다. 파일을 읽어 총 판매 금액과 총 판매금액 대비 제품 'AA' 판매금액의 비율을 제시된 출력 형태와 같이 표현되도록 프로그램을 작성하세요.

제품 번호	제품 구분	거래처 번호	단가	판매량
숫자	문자	숫자	숫자	숫자
8자리	2자리	6자리	5자리	3자리

sales.txt

```
91010101 AA 111111 01000 100
91010201 BB 222222 01500 150
91010301 CC 333333 02000 200
91010402 AA 333333 01000 250
91010502 BB 111111 03000 100
91020102 CC 222222 00500 350
91020203 AA 111111 01000 150
91020303 BB 333333 01500 200
91020403 CC 333333 02000 250
91020504 AA 111111 01000 100
91030104 BB 111111 03000 150
```

[예제 9.11] 파일 입출력 응용문제 해답

```
명령 프롬프트
C:₩lecture_src₩ctest>ctest sales.txt
91010101 AA 111111  1000 100
91010201 BB 222222  1500 150
91010301 CC 333333  2000 200
91010402 AA 333333  1000 250
91010502 BB 111111  3000 100
91020102 CC 222222   500 350
91020203 AA 111111  1000 150
91020303 BB 333333  1500 200
91020403 CC 333333  2000 250
91020504 AA 111111  1000 100
91030104 BB 111111  3000 150

총 판매금액 = 2950000
AA제품의 총 판매 금액 = 2350000
총 판매금액 대비 제품 AA 판매금액 비율 = 79.66%
```

```c
#include <stdio.h>
#include <stdlib.h>
#include <string.h>

struct unit {
    int goods_num;    //제품번호, 8자리
    char goods[3];    //제품구분, 2자리
    int client;       //거래처 번호, 6자리
    int price;        //단가, 5자리
    int sales;        //판매량, 3자리
};
typedef struct unit unit;

int read_file(unit *datalist, char *filename)
{
    FILE *fp;
    int i = 0;

    fp = fopen(filename, "r"); //filename = "sales.txt"
    if (fp == NULL) {
        printf("%s Can't open file", filename);
        exit(1);
    }
    while(1) {
        fscanf(fp, "%8d", &(datalist + i)->goods_num);
        fscanf(fp, "%s", (datalist + i)->goods);
        fscanf(fp, "%6d", &(datalist + i)->client);
        fscanf(fp, "%5d", &(datalist + i)->price);
        fscanf(fp, "%3d", &(datalist + i)->sales);

        if (feof(fp)) break;
        i++;
    }
    fclose(fp);
    return i;
}
void print_datalist(unit *datalist, int len) {
    for (int i = 0; i < len; i++) {
        printf("%8d ", (datalist + i)->goods_num);
        printf("%s ", (datalist + i)->goods);
```

```
        printf("%6d ", (datalist + i)->client);
        printf("%5d ", (datalist + i)->price);
        printf("%3d\n", (datalist + i)->sales);
    }
}
int total_amount(unit *datalist, int len) {
    int total = 0;

    for (int i = 0; i < len; i++) {
        total += ( (datalist + i)->price *(datalist + i)->sales );
    }
    return total;
}
int goods_amount(unit *datalist, int len, char *goods) {
    int total = 0;

    for (int i = 0; i < len; i++) {
        if (strcmp((datalist + i)->goods, goods)) {
                total += ((datalist + i)->price *(datalist + i)->sales);
        }
    }
    return total;
}
int main(int argc, char *argv[])
{
    unit data[20];
    int len, total, total_AA;

    len = read_file(data, argv[1]);
    print_datalist(data, len);

    total = total_amount(data, len);
    printf("\n총 판매금액 = %d\n", total);

    total_AA = goods_amount(data, len, "AA");
    printf("AA제품의 총 판매 금액 = %d\n", total_AA);

    printf("총 판매금액 대비 제품 AA 판매금액 비율 = %.2f\%%\n", (total_AA
/(double)total) * 100);
    return 0;
}
```

9장에서는 파일 입출력과 관련된 내용을 학습 했습니다. 개념 확인 학습, 적용 확인 학습, 응용 프로그래밍을 통해 지금까지 학습한 내용을 점검해 보시기 바랍니다.

제9장 ▸▸▸ 개념 확인 학습

01 파일 입출력을 처리하는 과정을 설명해 보세요.

02 fopen() 함수의 사용법을 설명해 보세요.

03 fopen() 함수에서 파일을 여는 방법에는 어떤 것이 있나요?

04 fclose() 함수의 역할은 무엇인가요?

05 파일 저장 시 텍스트 모드로 처리했을 때와 바이너리 모드로 처리했을 때의 차이점은 무엇인가요?

06 파일 입출력 시 형식을 지정하여 입출력하는 함수에는 어떤 것이 있나요?

07 fread()와 fwrite() 함수에서 매개 변수들에 사용되는 파라미터들은 어떤 것이 있으며 사용법은 어떻게 되나요?

08 어떻게 만들어진 파일이든 파일의 끝에 저장되는 값은 무엇인가요?

09 파일의 끝인지 아닌지를 판별해 주는 함수는 무엇인가요?

10 feof() 함수를 사용할 때 주의할 점은 무엇인가요?

11 파일 포인터의 위치를 랜덤하게 변경시키고자 할 때 사용하는 함수는 무엇인가요?

12 파일 포인터의 위치를 랜덤하게 변경시키고자 할 때 기준점을 표현하는 방법에는 어떤 것들이 있나요?

13 파일의 크기를 알아내는 방법을 설명 해 보세요.

제9장 ▸▸▸ 적용 확인 학습

01 다음 서술 내용이 바르면 O, 그렇지 않으면 X를 표시 하세요.

A. 파일 포인터는 FILE 구조체 타입의 포인터이다. ( )

B. 파일은 텍스트(text) 타입 으로도 이진(binary) 타입 으로도 저장될 수 있다. ( )

C. 상수 stdin은 표준 입력, stdout은 표준 출력을 의미한다. ( )

D. 파일 처리가 끝나면 반드시 fclose() 함수를 이용해 파일 스트림을 닫아 주어야 한다. ( )

E. 파일 모드 중 'a'를 사용한 경우 파일이 존재하지 않으면 오류가 발생한다. ( )

F. 파일 모드 중 'a'를 사용하면 파일의 마지막에 내용을 추가한다. ( )

G. 파일 모드 중 'rb'를 사용하면 파일에서 바이너리 타입으로 내용을 읽어 들이며, 만약 파일이 존재하지 않으면 오류가 발생한다. ( )

H. fprintf(stdin, ...)과 printf(...)은 같은 의미로 사용될 수 있다. ( )

I. 이진(binary) 모드로 저장된 파일을 메모장으로 열면 저장하려던 내용과 같은 값이 들어가 있음을 명시적으로 확인 할 수 있다. ( )

J. fprintf(stdout, "%d", 정수형 변수)로 저장된 파일을 메모장으로 열면 시스템 내부에서 사용하는 이상한 모양이 들어가 있어 해당 정수 값을 눈으로 확인 할 수 없다. ( )

K. fwrite() 함수와 fread() 함수는 자료의 입출력을 텍스트 모드로 처리한다. ( )

L. fwrite() 함수와 fread() 함수의 첫 번째 매개변수는 자료가 저장될 변수의 주소이다. ( )

M. fseek() 함수에서 기준점으로 사용하는 상수인 SEEK_SET, SEEK_CUR, SEEK_END는 정수형 기호상수로 각각 1, 2, 3 이다. ( )

N. ftell() 함수는 현재 파일 포인터의 위치를 바이트 단위로 알려준다. ( )

02 다음에 서술된 문장에 어울리는 프로그램 코드를 완성해 보세요.

A. 파일 포인터 fp와 연결된 파일에 텍스트 모드로 num의 값을 쓴다.

```
int num=5;
```

____

B. 파일 포인터 fp와 연결된 파일에서 바이너리 모드로 한 개의 정수형 자료를 num 변수로 읽어 들인다.

```
int num;
```

____

C. 다섯 개의 정수형 자료를 저장하고 있는 num 변수의 내용을 파일 포인터 fp와 연결된 파일에 바이너리 모드로 쓴다.

```
int num[5] = { 5, 4, 3, 2, 1 };
```

____

D. 파일 포인터 fp와 연결된 파일에서 바이너리 모드로 다섯 개의 정수형 자료를 num 변수로 읽어 들인다.

```
int num[5];
```

____

E. 파일 포인터 fp와 연결된 파일에 정수가 여러 개 저장되어 있고, 파일 포인터가 파일 끝에 위치 할 때, 파일의 첫 번째 정수를 읽어 num에 저장한다.

```
int num;
```

____

____

F. 파일 포인터 fp와 연결된 파일에 정수가 여러 개 저장되어 있을 때 가장 마지막에 저장된 정수를 읽어 드린다.

int num;

____

____

G. 파일의 크기를 size 변수에 byte 단위로 저장한다.

int size;

____

____

H. person 구조체가 다음과 같을 때, student 변수의 내용을 파일 포인터 fp와 연결된 파일에 쓴다.

```
struct person {
    char name[20];
    int yyyymmdd;
};
struct person student = {“daniel”, 20201010 };
```

____

I. 위 H번에 저장된 내용을 읽어 friend 변수에 저장한다.

struct person friend;

____

제9장 ▸▸▸ 응용 프로그래밍

01 아래의 실행 예처럼 키보드로 부터 'q'를 입력 받기 전까지 계속 문자를 입력 받아, 입력 받은 문자들을 파일로 출력하는 프로그램을 작성하세요. 단, 'q'는 파일에 저장되지 않습니다. 저장 할 파일의 이름은 chars.txt로 합니다. (힌트 : fputc(), fprintf(), fwrite() 사용 가능.)

```
문자 입력('q'이면 종료) : abcdefghijkq
chars.txt 파일에 저장했습니다.
```

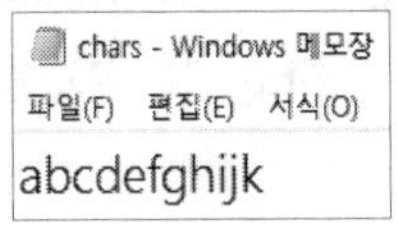

02 아래의 실행 예처럼 위 1번에서 저장된 chars.txt 파일의 내용을 읽어 화면으로 출력하는 프로그램을 작성하세요. 프로그램 작성 방법에 따라 마지막 'k' 문자가 두 번 출력 될 수 있으니 반드시 한 번만 출력되는지 확인하세요. (힌트 : fgetc(), fscanf(), fread() 사용 가능.)

```
chars.txt 파일을 읽습니다.
abcdefghijk
```

03 키보드로 부터 〈enter〉만을 입력 받기 전까지 계속 문자열을 입력 받아, 입력 받은 문자열들을 파일로 출력하는 프로그램을 작성하세요. 단, 저장 할 파일의 이름은 strings.txt로 합니다. (힌트 : fputs(), fprintf(), fwrite() 사용 가능.)

```
문자열 입력 : apple
문자열 입력 : candy
문자열 입력 : vitamin
문자열 입력 :
입력하신 문자열을 strings.txt로 저장했습니다.
```

04 위 3번에서 저장된 strings.txt 파일의 내용을 읽어 화면으로 출력하는 프로그램을 작성하세요. (힌트 : fgets(), fscanf(), fread() 사용 가능.)

```
strings.txt를 읽습니다.
apple
candy
vitamin
```

05 위 1번과 3번에서 저장된 chars.txt와 strings.txt의 내용이 일치하는지 아닌지를 판별하고 그 결과를 화면으로 출력하는 프로그램을 작성하세요.

```
chars.txt를 열었습니다.
strings.txt를 열었습니다.
다릅니다.
```

```
chars.txt를 열었습니다.
strings.txt를 열었습니다.
같습니다.
```

06 위 3번의 strings.txt의 내용을 samestrings.txt에 복사 한 후, samestrings.txt의 내용을 읽어 화면에 출력하는 프로그램을 작성세요.

```
strings.txt를 열었습니다.
samestrings.txt를 열었습니다.
strings.txt의 내용을 samestrings.txt에 복사했습니다.

samestrings.txt를 읽습니다.
apple
candy
vitamin
```

07 double형 자료 다섯 개를 저장하는 배열을 생성한 후 그 배열의 내용을 doubles.data 파일에 출력하는 프로그램을 작성하세요.

```
doubles.data를 열었습니다.
double형 배열의 내용을 출력했습니다.
```

08 위 7번에서 생성된 doubles.data 파일에서 마지막에 저장된 double 값을 읽어 화면에 출력하는 프로그램을 작성세요.

```
doubles.data를 열었습니다.
마지막에 저장된 double 값 = 5.5
```

09 아래의 제시된 main() 함수와 실행 예처럼 데이터를 입력 받아 fruit 구조체에 저장한 후 자료가 저장된 구조체를 fruit.data 파일에 저장하는 프로그램을 작성하세요. 단, 파일 이름인 fruit.data는 main() 함수의 매개변수에 저장하여 사용합니다.

```
//응용 프로그래밍 9번 10번 관련
int main(int argc, char *argv[])
{
      fruit datas[3];
      int len = sizeof(datas)/sizeof(fruit);

      input_datas(datas, len);
      puts("₩nAfter input_datas");
      print_datas(datas, len);

      write_file(datas, len, argv[1]);

      read_file(datas, len, argv[1]);
      puts("₩nAfter read_file");
      print_datas(datas, len);

      int total = total_amount(datas, len);
      printf("₩n총 판매금액 = %d₩n", total);
}
```

```
명령 프롬프트
C:₩lecture_src₩ctest>ctest fruit.data
과일종류 : apple
단가 : 111.1
판매량 : 20

과일종류 : banana
단가 : 99.5
판매량 : 33

과일종류 : orange
단가 : 155.5
판매량 : 22

After input_datas
================================
과일     단가     판매량
================================
apple    111.10   20
banana   99.50    33
orange   155.50   22
================================

After read_file
================================
과일     단가     판매량
================================
apple    111.10   20
banana   99.50    33
orange   155.50   22
================================

총 판매금액 = 8925

C:₩lecture_src₩ctest>
```

10 위에 제시된 main() 함수와 실행 예처럼 fruit.data 파일에 저장된 내용을 읽어 매출 총액을 화면에 출력하는 프로그램을 작성세요.

제10장

동적 메모리 할당

Chapter 10 동적 메모리 할당

10.1 메모리 할당

학교에서 자신의 책이나 소지품을 보관하려면 사물함을 할당 받아야 하듯, C언어로 작성된 프로그램에서 데이터를 저장하기 위해서는 메모리를 할당 받아야 합니다. 모든 시스템에서 메모리는 무한히 제공되는 영역이 아닌 제한된 공간이기 때문에 효율적 사용을 위해 전체 메모리 영역을 용도에 맞게 분할해서 사용하게 됩니다.

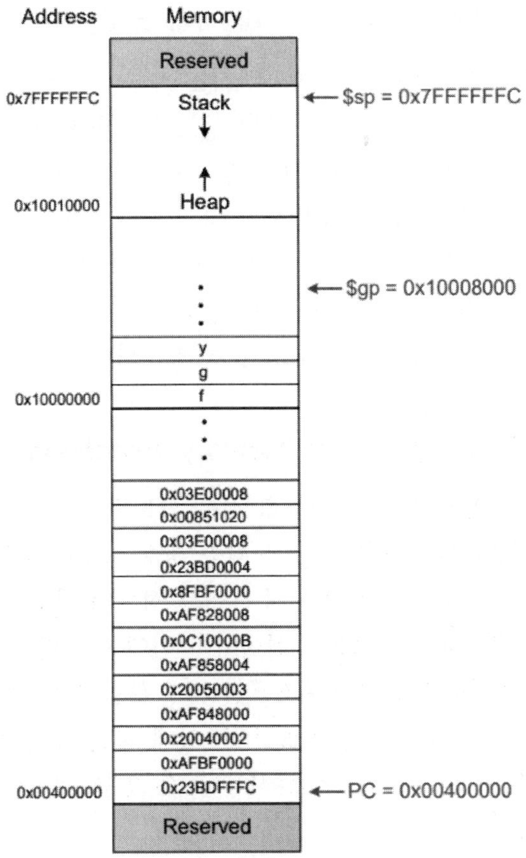

[그림 10.1] Executable loaded in memory ("Digital Design and Computer Architecture 2nd Edition", David Harris, Sarah Harris, Elsevier, 2012.)

[그림 10.1]은 메모리의 사용 잘 보여주는 간단한 예입니다. 그림의 아래에부터 메모리 주소 0x00400000의 Address 부분은 사용자가 작성한 프로그램이 놓이는 부분이고, 0x10000000의 f, g, y에 해당하는 부분은 글로벌 데이터 영역입니다. 0x10010000부터 아래쪽에서부터 쌓아 올라가는 부분이 힙(Heap) 영역, 위쪽에서부터 저장되는 부분이 스택(Stack) 영역입니다.

메모리를 할당 받는 방법은 크게 정적 메모리 할당(Static Memory Allocation) 방법과 동적 메모리 할당(Dynamic Memory Allocation) 방법이 있습니다. 프로그램에서 배열이나 함수 등 정적 메모리를 사용할 때에는 스택(Stack) 영역에 데이터들이 저장(push)되거나 꺼내(pop)지게 됩니다. 또한 프로그램 수행 도중 동적으로 메모리를 사용하는 경우에는 힙(Heap) 영역을 할당(allocation) 받거나 반납(free)하여 데이터를 사용하게 됩니다.

가. 정적 메모리 할당(Static Memory Allocation)

정적 메모리 할당이란 사용하고자 하는 메모리의 크기를 미리 정해 놓고 데이터를 저장하는 방법입니다. 가장 간단하게는 저장하려는 자료의 유형에 알맞은 변수를 선언해서 그 변수에 데이터를 저장하는 것입니다. 변수를 선언한다는 것은 그 변수의 자료형 크기만큼 스택(Stack) 영역의 메모리를 할당 받는 것이기 때문입니다. 만약 같은 유형의 자료가 여러 개라면 배열을 사용할 수 있습니다. 이러한 방식은 사용량을 예측해서 미리 메모리에 자리를 잡아 두는 방식이므로 데이터의 양에 따라 메모리가 부족할 수도 남을 수도 있습니다.

나. 동적 메모리 할당(Dynamic Memory Allocation)

정적 메모리 할당 방식을 사용할 경우 확보된 메모리 공간의 낭비 또는 부족이 발생할 수 있습니다. 문제가 생기면 좋은 방향으로 해결을 해 나가면 되겠죠? 정적 메모리 할당 방식의 근본적인 문제는 어느 정도의 메모리 공간이 필요한지 예측이 불가능한 상태에서 프로그램이 실행되기 전에 메모리 공간을 확보했기 때문입니다. 그러니 이 방식의 순서를 뒤집으면 되지 않을까요? 즉, 프로그램이 실행하면서 필요에 따라 메모리 공간을 확보할 수 있게 하는 것입니다. 이렇게 하면 원하는 시점에 알맞은 크기로 메모리를 사용할 수 있을 것입니다.

생각해 볼까요?

프로그램이 실행하면서 필요에 따라 메모리 공간을 할당한다면 확보된 메모리 공간의 낭비 또는 부족 문제는 발생하지 않을 수 있습니다. 그러나 계속 할당만 한다면 전체 메모리 용량을 다 써버려 더 이상 메모리를 할당 할 수 없는 경우가 발생 할 수 있습니다. 그렇다면 이러한 문제는 어떻게 해결할 수 있을까요?

프로그램이 실행하면서 필요에 따라 메모리 공간을 확보하면서, 동시에 사용이 끝난 메모리 영역은 반납하는 형식을 취한다면 좀 더 효율적으로 메모리를 사용할 수 있게 됩니다. 이러한 방식으로 메모리를 할당 받는 체계를 동적 메모리 할당 방식이라고 하며 이 경우에는 메모리의 힙(Heap) 영역을 할당(allocation) 받거나 반납(free)하여 데이터를 사용하게 됩니다.

10.2 동적 메모리 할당에 관련된 함수

동적으로 메모리를 할당 받기 위해서는 관련 함수들을 사용해야 합니다. 이 함수들을 사용하려면 #include 〈stdlib.h〉를 포함해야 합니다.

[표 10.1] 동적 메모리 할당에 관련된 함수

함수명	함수 원형	기능
malloc()	void * malloc(size_t)	size_t 크기에 해당하는 메모리를 힙(Heap) 영역에 할당하여 그 시작 주소를 반환한다. 메모리 할당을 할 수 없을 경우에는 NULL을 반환한다. 초기 값은 무의미한 값이다.
calloc()	void * calloc(size_ta, size_tb)	size_ta 개수만큼 size_tb 크기에 해당하는 메모리 할당하여 그 시작 주소를 반환한다. 메모리 할당을 할 수 없을 경우에는 NULL을 반환한다. 초기 값은 0이다.

함수명	함수 원형	기능
realloc()	void * realloc(void *, size_t)	함수 매개변수 void * 에 해당하는 메모리 영역의 크기를 size_t 크기로 변경하여 메모리를 재 할당한다. 메모리 할당을 할 수 없을 경우에는 NULL을 반환한다. 이미 저장되어있는 값은 그대로 두고, 늘어난 크기에 해당하는 영역의 초기 값은 무의미한 값이다.
free()	free(void *)	함수 매개변수 void * 에 해당하는 메모리 영역의 사용을 해제한다.

[예제 10.1]은 malloc()을 사용하여 정수를 한 개를 저장하는 예입니다. malloc()을 사용해서 sizeof(int) *10 bytes 만큼의 메모리를 동적으로 할당 받아 그 주소를 포인터 변수 pi에 연결하고 그곳에 정수를 저장합니다. 실행결과에서 알 수 있듯이, 메모리를 할당 받은 후 값이 저장되지 않은 상태에서는 그 영역이 초기화 되어있지 않은 무의미한 값을 가지고 있습니다. 이후 메모리의 사용이 끝나면 free()를 사용하여 할당 받았던 메모리를 반납합니다.

[예제 10.1] malloc()을 사용하여 정수를 한 개를 저장

```
#include <stdio.h>
#include <stdlib.h>

int main(int argc, char *argv[])
{
    int *pi = NULL;

    if ((pi = (int *)malloc(sizeof(int))) == NULL) {
        printf("메모리 할당에 문제가 있습니다.");
        exit(1);
    }
    printf("Before : *pi=%d, pi=%u ₩n", *pi, pi);
    *pi = 3;
    printf("After : *pi=%d, pi=%u ₩n", *pi, pi);
    free(pi);
    return 0;
}
```

```
Before : *pi=8065896, pi=8073128
After : *pi=3, pi=8073128
```

[예제 10.2]는 malloc()을 사용하여 정수를 세 개를 저장하는 예입니다. 즉, 정수형 배열처럼 사용된 예입니다.

[예제 10.2] malloc()을 사용하여 정수 여러 개를 배열에 저장

```
#include <stdio.h>
#include <stdlib.h>

int main(int argc, char *argv[])
{
    int *piary = NULL, count = 3;

    if ((piary = (int *)malloc(sizeof(int)*count)) == NULL) {
        printf("메모리 할당에 문제가 있습니다.");
        exit(1);
    }
    for (int i = 0; i < count; i++) {
        printf("Before : *(piary+%d)=%d, piary=%u ₩n", i, *(piary+i), (piary+i));
    }
    for (int i = 0; i < count; i++) {
        *(piary + i) = i + count;
        printf("After : *(piary+%d)=%d, piary=%u ₩n", i, *(piary+i), (piary+i));
    }
    free(piary);
    return 0;
}
```

```
Before : *(piary+0)=7738216, piary=7745448
Before : *(piary+1)=7733440, piary=7745452
Before : *(piary+2)=100663302, piary=7745456
After : *(piary+0)=3, piary=7745448
After : *(piary+1)=4, piary=7745452
After : *(piary+2)=5, piary=7745456
```

[예제 10.3]은 calloc()을 사용하여 정수를 세 개 저장하는 [예제 10.2]와 같은 기능을 하는 예입니다.

생각해 볼까요?

[예제 10.3]은 [예제 10.2]와 어떤 점이 달라졌나요?

실행결과의 Before 부분과 After 부분을 비교해 보세요. calloc()을 사용하여 메모리를 할당 받은 경우에는 영역이 지정됨과 동시에 0으로 초기화 된다는 것을 알 수 있습니다.

[예제 10.3] calloc()을 사용하여 정수 여러 개를 배열에 저장

```
#include <stdio.h>
#include <stdlib.h>

int main(int argc, char *argv[])
{
    int *piary = NULL, count = 3;

    if ((piary = (int *)calloc(count, sizeof(int))) == NULL) {
        printf("메모리 할당에 문제가 있습니다.");
        exit(1);
    }
    for (int i = 0; i < count; i++) {
        printf("Before : *(piary+%d)=%d, piary=%u ₩n", i, *(piary+i), (piary+i));
    }
    for (int i = 0; i < count; i++) {
        *(piary + i) = i + count;
        printf("After : *(piary+%d)=%d, piary=%u ₩n", i, *(piary+i), (piary+i));
    }
    free(piary);
    return 0;
}
```

```
Before : *(piary+0)=0, piary=14167976
Before : *(piary+1)=0, piary=14167980
Before : *(piary+2)=0, piary=14167984
After : *(piary+0)=3, piary=14167976
After : *(piary+1)=4, piary=14167980
After : *(piary+2)=5, piary=14167984
```

[예제 10.4]는 할당받은 메모리의 크기를 변경해야 하는 경우 realloc()을 사용하여, 함수의 매개변수인 piary가 지시하는 메모리 영역을 count+add 만큼의 크기로 변경하여 메모리를 다시 할당합니다. 실행결과에서 알 수 있듯이 이미 저장되어있는 값은 그대로 두고, 늘어난 크기에 해당하는 영역의 초기 값은 무의미한 값이 됩니다.

[예제 10.4] realloc()을 사용하여 정수 여러 개를 배열에 저장

```
#include <stdio.h>
#include <stdlib.h>

int main(int argc, char *argv[])
{
    int *piary = NULL, count = 3, add = 2;
```

```
*(piary+0)=0, piary=7286696
*(piary+1)=0, piary=7286700
*(piary+2)=0, piary=7286704
*(piary+3)=0, piary=7286708
*(piary+4)=83886085, piary=7286712
```

```
    if ((piary = (int *)calloc(count, sizeof(int))) == NULL) {
        printf("메모리 할당에 문제가 있습니다.");
        exit(1);
    }
    if ((piary = (int *)realloc(piary, sizeof(int)*(count+add))) == NULL) {
        printf("메모리 할당에 문제가 있습니다.");
        exit(1);
    }
    for (int i = 0; i < count + add; i++) {
        printf("*(piary+%d)=%d, piary=%d ₩n", i, *(piary+i), (piary+i));
    }
    free(piary);
    return 0;
}
```

[예제 10.2], [예제 10.3], [예제 10.4]의 실행결과에서 포인터 변수 piary가 나타내는 주소를 확인해 보시기 바랍니다. 세 예제에서 공통적으로 확인 할 수 있는 것은 메모리의 영역이 연속적으로 할당되었다는 것입니다.

10.3 정적 메모리 할당과 동적 메모리 할당의 비교

[예제 10.5]에서는 학생들의 성적을 저장하기 위해 sizeof(int)*10 bytes 만큼의 정적 메모리를 할당 받았습니다. 학생 수가 10명 이하로 입력되면 메모리에 잡아놓은 자리에 여유가 생기지만, 10개 보다 많이 입력하게 되면 메모리에 데이터를 저장할 공간이 부족하게 됩니다.

[예제 10.5] 배열에 정수 10개 저장 (정적 메모리 할당 방식)

```
#include <stdio.h>

int main(int argc, char *argv[])
{
    int index = 0;
    int score[10]; //정적 메모리 할당
```

```
학생 수를 입력하세요 : 3
점수를 입력하세요(입력 종료 -1) : 100
점수를 입력하세요(입력 종료 -1) : 95
점수를 입력하세요(입력 종료 -1) : 98
score[0]=100
score[1]=95
score[2]=98
```

```
    printf("학생 수를 입력하세요 : ");
    scanf("%d", &index);

    for (int i = 0; i < index; i++) {
        printf("점수를 입력하세요(입력 종료 -1) : ");
        scanf("%d", score+i);

        if (*(score + i) == -1) break;
    }
    for (int i = 0; i < index; i++) {
        printf("score[%d]=%d₩n", i, *(score + i));
    }
    return 0;
}
```

예를 들어 두 개 분반의 C 프로그래밍 수업이 있다고 가정합니다. 분반마다 학생 수가 다를 때, 정적 메모리 할당 방식을 사용한다면 두 분반 중 학생 수가 많은 분반을 기준으로 저장 영역을 확보해야 합니다. [예제 10.5]에서는 10명 학생의 정보를 저장할 수 있는 영역이 확보되었지만 세 개의 성적을 입력했기 때문에 sizeof(int)*7 bytes의 메모리 공간이 남았습니다.

생각해 볼까요?

정적 메모리 할당 방식을 사용할 경우 "확보된 메모리 공간의 낭비 또는 부족" 문제가 발생 할 수 있습니다. 그렇다면 이러한 문제는 어떻게 해결할 수 있을까요?

[예제 10.5]와 [예제 10.6] 두 프로그램의 차이점을 찾아보면 어떻게 해결해야 하는지 알 수 있습니다.

[예제 10.6] 배열에 정수 10개 저장 (동적 메모리 할당 방식)

```
#include <stdio.h>
#include <stdlib.h>

int main(int argc, char *argv[])
{
    int index = 0;
```

```
학생 수를 입력하세요 : 3
점수를 입력하세요 : 100
점수를 입력하세요 : 95
점수를 입력하세요 : 98
score[0]=100
score[1]=95
score[2]=98
```

```
    int *score;

    printf("학생 수를 입력하세요 : ");
    scanf("%d", &index);

    //동적 메모리 할당
    if ((score = (int *)calloc(index, sizeof(int))) == NULL) {
        printf("메모리 할당에 문제가 있습니다.");
        exit(1);
    }
    for (int i = 0; i < index; i++) {
        printf("점수를 입력하세요 : ");
        scanf("%d", score+i);
    }
    for (int i = 0; i < index; i++) {
        printf("score[%d]=%d\n", i, *(score + i));
    }
    free(score);
    return 0;
}
```

[예제 10.6]은 동적 메모리의 사용을 보여드리기 위한 가장 간단한 예제입니다. 그러나 프로그램이 실행 된 후 학생 수에 해당하는 영역만큼 메모리를 동적으로 할당 받았기 때문에 프로그램이 동작하면서 필요에 따라 메모리 공간을 늘려가는 진정한 동적 메모리 할당의 진수는 보여주지 못한 예입니다.

10.4 연결 리스트

[예제 10.6] 프로그램은 진행 도중 학생 수가 변경된다면 메모리를 재 할당해야 하는 문제점도 있습니다. 또한 [예제 10.2], [예제 10.3], [예제 10.4]의 실행결과에서 확인할 수 있듯이 메모리의 영역이 연속적으로 할당되기 때문에 방대한 양의 데이터를 저장하기 위해 메모리를 재 할당할 경우에는 기존에 저장되어있던 데이터와의 충돌이 발생할 가능성도 존재합니다.

이러한 이유 때문에 동적 메모리를 할당 받아 데이터를 저장하기 위한 가장 좋은 방법은 저장이 필요한 순간 마다 메모리를 할당 받아 저장하고 그 저장한 순서대로

"이것 다음에는 그것, 그것 다음에는 저것, 저것 다음은 없음" 이렇게 연결고리를 가지고 데이터를 저장 하도록 하는 것입니다. 이러한 방법, 즉 연결 리스트의 형태를 사용하면 저장하려고 하는 데이터의 개수에도 상관없고 저장되는 위치가 연속적일 필요도 없기 때문에 좀 더 메모리를 효율적으로 사용할 수 있게 됩니다.

연결 리스트를 사용하려면 두 가지의 필수적인 정보가 필요합니다. 그 하나는 현재의 데이터이고, 나머지 하나는 다음 데이터의 위치 정보입니다.

생각해 볼까요?

C언어에서 서로 다른 형태의 여러 가지 정보를 저장하기 위해 사용하는 방법은 무엇인가요?

우리는 서로 다른 형태의 정보를 저장하기 위한 방법으로 구조체를 사용한다는 것을 알고 있습니다. 점수를 저장하기 위한 score와 다음 데이터를 지시하기 위한 next를 구성 성분으로 하는 단위 구조체 unit을 아래의 방법으로 정의했습니다.

```
//현재 점수와 다음 데이터를 지시하기 위한 단위 구조체 unit
struct unit {
      int score; //현재 unit의 점수를 저장
      struct unit *next; //다음 unit의 링크를 저장
};
typedef struct unit unit; //struct unit을 unit으로 재정의
```

이 구조체를 사용하여 연결리스트의 개념을 파악할 수 있도록 간단한 예를 작성해 보도록 하겠습니다. [예제 10.7]은 [그림 10.2]를 프로그램화 했으며, 가독성을 높이기 위해 불필요한 부분은 가능한 생략하여 아주 간단하게 작성했습니다.

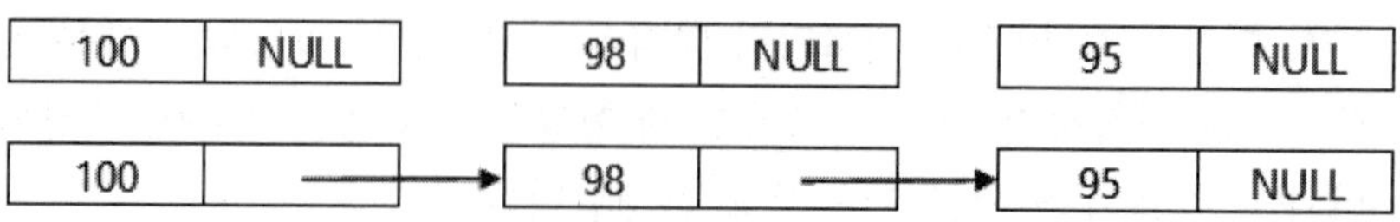

[그림 10.2] 연결리스트 개념

[예제 10.7] [그림 10.2] 연결 리스트 구현

```
first->score=100
first->next->score=95, second->score=95
first->next->next->score=98, third->score=98
```

```
#include <stdio.h>
#include <stdlib.h>

//점수와 다음 node를 지시하기 위한 단위 구조체
struct unit {
    int score;
    struct unit *next;
};
typedef struct unit unit;

int main(int argc, char *argv[])
{
    unit *first = NULL, *second = NULL, *third=NULL;
    int val;

    first = (unit *)malloc(sizeof(unit));
    first->score = 100;
    first->next = NULL;

    second = (unit *)malloc(sizeof(unit)); //동적 메모리 할당
    second->score = 95; //데이터 저장
    second->next = NULL;

    third = (unit *)malloc(sizeof(unit));
    third->score = 98;
    third->next = NULL;

    first->next = second; //first에 second을 연결
    second->next = third; //second에 third을 연결

    printf("first->score=%d₩n", first->score);
    printf("first->next->score=%d, second->score=%d₩n", first->next->score,
second->score);
    printf("first->next->next->score=%d, third->score=%d₩n",
first->next->next->score, third->score);

    free(first);
    free(second);
    free(third);
    return 0;
}
```

unit 구조체 타입의 포인터 변수 first, second, third는 동적메모리를 할당 받아 필요한 데이터를 저장한 후 first 변수의 next에 second를, second 변수의 next에 third를 저장했습니다. 이렇게 되면 first는 second를 알고, second는 third를 알고, third의 next는 NULL 이므로 이 세 변수들의 연결의 끝은 third가 됩니다. 서로가 연결되어 있기 때문에 first->next->score는 second->score, first->next->next->score는 third->score가 되는 것입니다.

[예제 10.8]은 [예제 10.5]와 [예제 10.6]을 수정하여 연결 리스트를 사용한 동적 메모리 할당 방식으로 변경한 것입니다. 프로그램 코드에서 head는 연결 리스의 시작, node는 unit 단위 구조체로 작성된 하나의 데이터, list는 연결된 전체를 의미합니다.

[예제 10.8] 여러 개의 정수를 연결 리스트 형태로 저장

```
점수를 입력하세요(입력 종료 -1) : 100
점수를 입력하세요(입력 종료 -1) : 95
점수를 입력하세요(입력 종료 -1) : 98
점수를 입력하세요(입력 종료 -1) : -1

list sequence = 100 -> 95 -> 98 -> NULL
free sequence = free 100 -> free 95 -> free 98 -> NULL
```

```
#include <stdio.h>
#include <stdlib.h>

struct unit {
    int score;
    struct unit *next;
};
typedef struct unit unit;
int main(int argc, char *argv[])
{
    unit *head = NULL, *node = NULL, *list = NULL;
    int val;

    do {
        printf("점수를 입력하세요(입력 종료 -1) : ");
        scanf("%d", &val);

        if (val == -1) break;

        //단위 구조체를 이용하여 하나의 노드를 위한 메모리 할당
        if ((node = (unit *)malloc(sizeof(unit))) == NULL) {
                printf("메모리 할당에 문제가 있습니다.");
                exit(1);
        }
```

```
            //메모리가 할당된 노드에 입력 받은 점수를 저장
            node->score = val;
            node->next = NULL;

            head = list; //head에 전체 list의 시작 정보를 저장

            if (list == NULL) {
                    //list에 어떠한 node도 연결되지 않은 시작 시점
                    list = node;
            } else {
                    //list에 연결된 node가 존재한다면 list의 마지막까지 진행
                    while (list->next != NULL) {
                            list = list->next;
                    }
                    //list의 마지막에 현재 만들어진 노드를 연결
                    list->next = node;
            }
        } while (1);

        printf("₩nlist sequence = ");
        list = head;
        while (list != NULL) {
            printf("%d -> ", list->score);
            list = list->next;
        }
        puts("NULL");

        //list의 마지막까지 진행하며 시작 노드부터 메모리 해제
        printf("free sequence = ");
        while (head != NULL) {          //while (head->next != NULL)
            node = head;        //head의 시작 node를 node에 저장
            head = head->next; //head의 다음 node를 시작 node로 변경
            printf("free %d -> ", node->score);
            free(node);         //현재 node를 free()
            node = NULL;
        }
        puts("NULL");
        return 0;
}
```

새로운 노드 연결을 위한 프로그램 코드를 세부적으로 살펴보면, 리스트의 마지막은 NULL로 저장되어 있으므로 while (list->next != NULL)의 조건을 이용해 연결 리스트의 마지막까지 찾아갑니다. 이 후 NULL이 저장되어 있던 list->next에 현재 만들어진 node를 연결하는 것입니다.

```
while (list->next != NULL) {
    list = list->next;
}
//list의 마지막에 현재 만들어진 노드를 연결
list->next = node;
```

메모리 해제를 위한 프로그램 코드의 동작 방식은 [그림 10.3]과 같습니다. 그림에서처럼 head가 가리키고 있는 첫 노드부터 하나씩 free()를 해나가다 보면 마지막 노드까지 할당 받았던 모든 메모리를 해제 할 수 있게 됩니다.

```
//list의 마지막까지 진행하며 시작 노드부터 메모리 해제
    while (head != NULL) {          //while (head->next != NULL)
        node = head;                //head의 시작 node를 node에 저장
        head = head->next;          //head의 다음 node를 시작 node로 변경
        free(node);                 //현재 node를 free()
        node = NULL;
    }
```

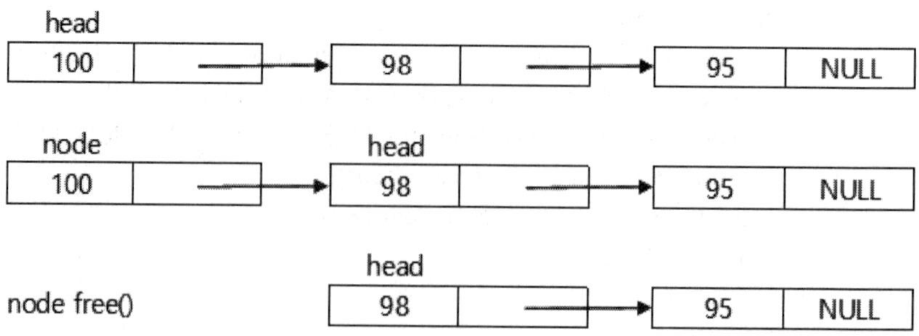

[그림 10.3] free() 동작방식

10.5 연결 리스트 응용

연결 리스트를 사용 하는 프로그램에서는 메모리 할당, 리스트 연결, 리스트 출력, 메모리 해제 등 각각의 기능을 구분하여 함수로 처리해 사용하는 것이 편리합니다. 함수를 사용할 때 중요한 것은 아래의 [표 10.2]에서 설명했듯이 동적 메모리 영역을 사용하는 함수의 호출에서는 반드시 메모리 영역의 주소를 리턴을 받아 사용해야 한다는 것입니다. 왜냐하면 프로그램이 수행되는 영역은 스택(stack) 영역이고, 동적 메모리를 할당하는 곳은 힙(heap) 영역이라서 call by reference 형태로 함수를 사용하는 것은 불가능하기 때문입니다.

[표 10.2] 동적 메모리 할당 시 함수의 사용

가능	불가능

//동적 메모리 영역을 사용하는 함수의 호출에서는 반드시 메모리 영역의 주소를 리턴을 받아 사용해야 함
 	
//가능한 함수 원형
unit * allocation(int val);
 	
//가능한 함수 호출
unit *node = allocation(val);
	//call by reference 형태로 함수를 사용하는 것은 불가능
	
	//불가능한 함수 원형
	void allocation(int val, unit *item);
	
	//불가능한 함수 호출
	allocation(val, node);

[예제 10.9] 함수 호출을 이용한 연결 리스트 작성

```
점수를 입력하세요(입력 종료 -1) : 100
점수를 입력하세요(입력 종료 -1) : 95
점수를 입력하세요(입력 종료 -1) : 98
점수를 입력하세요(입력 종료 -1) : -1

list sequence = 100 -> 95 -> 98 -> NULL
free sequence = free 100 -> free 95 -> free 98 -> NULL
```

```
#include <stdio.h>
#include <stdlib.h>

struct unit {
    int score;
    struct unit *next;
};
typedef struct unit unit;

unit *allocation(int val) //void allocation(int val, unit *item) 형태는 불가능
{
    unit *item;
```

```
    if ((item = (unit *)malloc(sizeof(unit))) == NULL) {
        printf("메모리 할당에 문제가 있습니다.");
        exit(1);
    }
    item->score = val;
    item->next = NULL;
    return item;
}

unit *connect(unit *list, unit *item)
{
    unit *head = list; //list의 처음 시작을 저장

    if (head == NULL) {
        head = item;
        return head;
    }
    while (list->next != NULL) {
        list = list->next;
    }
    list->next = item;
    return head;
}

void print_list(unit *list)
{
    unit *node = list;

    printf("₩nlist sequence = ");
    while (list != NULL) {
        printf("%d -> ", list->score);
        list = list->next;
    }
    puts("NULL");
}

unit *free_list(unit *head)
{
    unit *node;

    printf("free sequence = ");
```

```
    while (head != NULL) {
        node = head;
        head = head->next;
        printf("free %d -> ", node->score);
        free(node);
        node = NULL;
    }
    puts("NULL");
    return head;
}

int main(int argc, char *argv[])
{
    unit *head = NULL, *node = NULL, *list = NULL;
    int val;

    do {
        printf("점수를 입력하세요(입력 종료 -1) : ");
        scanf("%d", &val);

        if (val == -1) break;

        node = allocation(val); //allocation(val, node); 형태는 불가능
        head = connect(head, node);
    } while (1);

    if (head != NULL) print_list(head);

    head = free_list(head);
    return 0;
}
```

단위 구조체의 멤버를 다양하게 선언하면 어떤 하나의 정보가 아닌 여러 개의 정보를 포함하는 연결 리스트를 만들 수 있습니다. [예제 10.10]에서는 학생의 이름과 성적을 입력 받아 리스트를 구현하는 예를 수행해 보겠습니다.

이 예제를 수행하기 위해서는 단위 구조체의 멤버에 학생이름을 저장할 수 있는 항목을 추가하고 학생 이름 즉, 문자열을 처리하는 부분을 넣어주면 됩니다.

```
struct unit {
    char *name; //포인터로 선언하여 동적 메모리 할당을 받아 사용
    int score;
    struct unit *next;
};
typedef struct unit unit;

unit *item->name = (char *)malloc(sizeof(char) * (strlen(name)+1));

strcpy_s(item->name, strlen(name)+1, name);
```

이 때 학생 이름을 저장하는 변수 또한 포인터로 선언하여 동적 메모리 할당을 받아 사용합니다. 문자열은 마지막에 널을 포함해야 하므로 "문자열의 길이+1" 만큼의 동적 메모리 공간을 확보합니다. 또한 학생 이름이 저장되는 변수 name은 문자열이기 때문에 <string.h>에서 제공하는 strcpy(), strlen(), strcmp() 등 문자열 관련 함수를 사용합니다.

[예제 10.10] 연결 리스트 응용

```
이름을 입력하세요(입력 종료 enter) : benny
점수를 입력하세요 : 100
이름을 입력하세요(입력 종료 enter) : daniel
점수를 입력하세요 : 95
이름을 입력하세요(입력 종료 enter) : joon
점수를 입력하세요 : 98
이름을 입력하세요(입력 종료 enter) :

list sequence = benny(100) -> daniel(95) -> joon(98) -> NULL
free sequence = benny(100) -> daniel(95) -> joon(98) -> NULL
```

```
#include <stdio.h>
#include <stdlib.h>
#include <string.h>

//단위 구조체
struct unit {
    char *name;
    int score;
    struct unit *next;
};
typedef struct unit unit;


unit *allocation(char *name, int val)
{
    unit *item;

    if ((item = (unit *)malloc(sizeof(unit))) == NULL) {
        printf("메모리 할당에 문제가 있습니다.");
```

```
            exit(1);
        }
        item->name = (char *)malloc(sizeof(char) * (strlen(name) + 1));
        strcpy(item->name, name);
        item->score = val;
        item->next = NULL;
        return item;
}

unit *connect(unit *head, unit *item)
{
        unit *savehead = head; //list의 처음 시작을 저장

        if (head == NULL) {
            head = item;
            return head;
        }
        while (head->next != NULL) {
            head = head->next;
        }
        head->next = item;
        return savehead;
}

void print_list(unit *head)
{
        printf("₩nlist sequence = ");
        while (head != NULL) {
            printf("%s(%d) -> ", head->name, head->score);
            head = head->next;
        }
        puts("NULL");
}

unit *free_list(unit *head)
{
        unit *node;

        printf("free sequence = ");
        while (head != NULL) {
            node = head;
```

```
        head = head->next;
        printf("%s(%d) -> ", node->name, node->score);
        free(node->name);
        free(node);
        node = NULL;
    }
    puts("NULL");
    return head;
}

int main(int argc, char *argv[])
{
    unit *head = NULL, *node = NULL, *list = NULL;
    char name[20], score[10];

    do {
        printf("이름을 입력하세요(입력 종료 enter) : ");
        gets(name);

        if (*name == '₩0') break;

        printf("점수를 입력하세요 : ");
        gets(score);

        node = allocation(name, atoi(score)); //allocation(val, node); 불가능
        head = connect(head, node);
    } while (1);

    if (head != NULL) print_list(head);

    head = free_list(head);
    return 0;
}
```

10장에서는 동적 메모리 할당과 관련된 내용을 학습 했습니다. 개념 확인 학습, 적용 확인 학습, 응용 프로그래밍을 통해 지금까지 학습한 내용을 점검해 보시기 바랍니다.

제10장 ▸▸▸ 개념 확인 학습

01 정적 메모리 할당 방식과 동적 메모리 할당 방식의 의미는 무엇인가요?

02 동적 메모리를 할당 받아 메모리를 사용할 때의 장점은 무엇인가요?

03 정적 메모리 할당 방식과 동적 메모리 할당 방식을 사용할 때 사용되는 메모리 영역의 차이점은 무엇인가요?

04 동적 메모리 할당에 관련된 함수들은 어떤 것들이 있나요?

05 할당 받은 동적 메모리의 사용이 완료되었으면 메모리를 반납해야 하는 이유는 무엇인가요?

06 동적 메모리의 사용할 때 연결 리스트가 사용되는 이유는 무엇인가요?

07 동적 할당을 받아 메모리를 사용하는 연결 리스트에서 단위 구조체가 하는 역할은 무엇인가요?

08 동적 할당을 받아 메모리를 사용하는 연결 리스트의 단위 구조체에서 자기 참조 구조체를 사용하는 이유는 무엇인가요?

09 동적 할당을 받아 메모리를 사용하는 연결 리스트의 단위 구조체에서 정수 배열이나 문자 배열을 포인터로 사용하려면 어떻게 해야 할까요?

10 동적 할당을 받은 메모리를 사용하는 선형 연결 리스트에서 마지막 데이터를 알 수 있는 방법은 무엇입니까?

11 동적 할당을 받은 메모리를 사용하는 선형 연결 리스트에서 메모리를 해제 하는 방법을 설명하세요.

12 동적 할당을 받은 메모리를 사용하는 선형 연결 리스트를 원형 연결 리스트로 변경하는 방법을 설명하세요.

제10장 ▸▸▸ 적용 확인 학습

01 다음 서술 내용이 바르면 O, 그렇지 않으면 X를 표시 하세요.

A. 동적 할당된 메모리는 스택(stack) 영역의 메모리를 할당 받는다. ( )

B. 함수 malloc()과 calloc()은 반환형이 요구한 자료의 포인터 형이다. ( )

C. 함수 realloc()은 이미 확보한 저장 공간의 크기에 늘리고자 하는 크기를 합한 만큼의 메모리 영역을 할당한다. ( )

D. 한번 동적으로 할당된 메모리는 함수 realloc()으로도 다시 확장할 수 없다. ( )

E. 함수 free()의 인자는 해제할 메모리 공간의 주소 값을 갖는 포인터이다. ( )

F. 함수 free()를 사용하여 할당 받은 메모리를 해제 할 때에는 할당 받는 모든 메모리 공간을 순차적으로 모두 해제 해 주어야 한다. ( )

G. 자료를 순차적으로 저장하기 위한 방법으로 배열 또는 연결 리스트를 사용할 수 있다. ( )

H. 구조체는 자기 자신의 포인터를 멤버로 하는 항목을 가질 수 있다. ( )

I. 연결 리스트로 이용하고자 하는 구조체는 여러 자료들과 자기 자신의 포인터가 멤버로 구성된다. ( )

J. 동적으로 메모리가 할당된 연결 리스트의 노드들은 연속된 저장 공간에 저장된다. ( )

K. 연결 리스트는 원소인 단위 구조체의 노드(node)가 순차적으로 연결된 자료구조이다. ( )

L. 연결리스트에서 헤드(head)는 항상 첫 번째 노드를 가리키는 포인터로 이용하는 것이 편리하다. ( )

M. 연결 리스트의 마지막 노드가 가지고 있는 링크에 NULL이 저장되면 그 연결 리스트는 하나의 선처럼 연결된다. ( )

N. 연결 리스트의 마지막 노드가 가지고 있는 링크에 첫 번째 노드가 저장되면 그 연결 리스트는 하나의 원처럼 연결된다. ( )

02 다음에 서술된 문장에 어울리는 프로그램 코드를 완성해 보세요.

A. 한 개의 정수형 자료를 저장할 수 있도록 동적 메모리를 할당 받아 그곳에 값을 저장합니다.

____

```
*num = 9;
```

B. 세 개의 정수형 자료를 저장할 수 있도록 동적 메모리를 할당 받아 그곳에 값을 저장합니다.

____

```
*(nums+0) = 9;
*(nums+1) = 8;
*(nums+2) = 7;
```

C. 위 B에서 할당받은 메모리를 다섯 개의 정수형 자료를 저장할 수 있도록 동적 메모리 공간을 확장합니다.

____

D. 한 개의 문자열(최대 20문자) 자료를 저장할 수 있도록 동적 메모리를 할당 받아 그곳에 "apple"을 저장합니다.

```
char *str;
```

____

____

E. 위 D에서 저장된 문자열을 아래에 선언된 fruit 변수에 복사합니다.

```
char *fruit;
```

____

____

F. 아래와 같이 문자열 한 개와 실수 두 개를 요소로 하는 데이터 단위로 연결 리스트를 만들려고 합니다. 단위 구조체를 완성하세요.

```
struct unit {
    char *name;
    double *nums;
    ______________
};
typedef struct unit unit;
```

G. 위 F번의 단위 구조체를 이용하여 하나의 노드를 만들어 메모리를 할당 받는 문장을 완성하세요. name에는 최대 20문자가 저장될 수 있습니다.

```
unit *node;
```

____

____

____

제10장 ▸▸▸ 응용 프로그래밍

01 데이터의 개수를 사용자로부터 입력 받아, 그 숫자만큼 double형 데이터를 입력 받아 동적 메모리를 할당하여 저장하고 출력하는 프로그램 작성하세요. (힌트 : malloc() 또는 calloc()을 이용합니다.)

```
double형 데이터의 개수 입력 : 3
double형 데이터 입력 : 1.1
double형 데이터 입력 : 2.2
double형 데이터 입력 : 3.3

동적 메모리에 저장된 값은 =   1.1   2.2   3.3
```

02 위 1번의 프로그램을 연결 리스트 형태로 수정하고 내용을 출력하세요.

```
double형 데이터의 개수 입력 : 3
double형 데이터 입력 : 1.1
double형 데이터 입력 : 2.2
double형 데이터 입력 : 3.3

연결 리스트의 값은 =   1.1   2.2   3.3
```

03 이름(문자열)과 전화번호(문자열)를 저장하여 연결 리스트로 사용할 수 있는 단위 구조체를 정의하세요.

04 위 3번의 정의를 이용하여 입력 받은 이름과 전화번호를 하나의 단위로 하는 연결 리스트를 만들려고 합니다. 아래의 함수를 완성하고 이용하여 다음 그림과 같이 동작하도록 프로그램을 구현해 보세요.

A. unit *create_node(char *name, char *tel) //노드를 생성하는 함수

B. unit *append(unit *head, unit *item) //리스트의 마지막에 노드를 추가하는 함수

C. unit *print_list(unit *head) //연결 리스트의 모든 노드 출력 함수

D. unit *free_list(unit *head) //리스트 전체 메모리를 해제하는 함수

```
이름을 입력하세요(입력 종료 enter) : benny
전화번호를 입력하세요 : 010-111-1111
이름을 입력하세요(입력 종료 enter) : daniel
전화번호를 입력하세요 : 010-222-2222
이름을 입력하세요(입력 종료 enter) : jhon
전화번호를 입력하세요 : 010-333-3333
이름을 입력하세요(입력 종료 enter) :

list sequence = benny(010-111-1111) -> daniel(010-222-2222) -> jhon(010-333-3333) -> NULL

free sequence = benny(010-111-1111) -> daniel(010-222-2222) -> jhon(010-333-3333) -> NULL
```

05 위 4번의 main() 함수에서 이름을 입력하면 연결 리스트의 내용을 검색하여 전화번호를 알려주는 함수 get_tel()을 추가하여 다음 그림과 같이 동작하도록 프로그램을 구현해 보세요.

A. void get_tel(unit *head, char *question, char *answer) //question에 해당하는 name의 전화번호 tel를 answer에 반환하는 함수

```
이름을 입력하세요(입력 종료 enter) : benny
전화번호를 입력하세요 : 010-111-1111
이름을 입력하세요(입력 종료 enter) : daniel
전화번호를 입력하세요 : 010-222-2222
이름을 입력하세요(입력 종료 enter) : joon
전화번호를 입력하세요 : 010-333-3333
이름을 입력하세요(입력 종료 enter) :

list sequence = benny(010-111-1111) -> daniel(010-222-2222) -> joon(010-333-3333) -> NULL

이름을 입력하시면 전화번호를 드립니다(입력 종료 enter) : daneil
찾으시는 전화번호 = 존재하지 않습니다.

이름을 입력하시면 전화번호를 드립니다(입력 종료 enter) : daniel
찾으시는 전화번호 = 010-222-2222

이름을 입력하시면 전화번호를 드립니다(입력 종료 enter) :

free sequence = benny(010-111-1111) -> daniel(010-222-2222) -> joon(010-333-3333) -> NULL
```

06 위 5번에 사용자에게 입력받은 파일명에 리스트의 모든 내용을 출력하는 함수 save_file()을 추가하여 다음 그림과 같이 동작하도록 프로그램을 구현해 보세요.

A. int savc_file(unit *head, char *filename) //filename에 해당하는 파일에 리스트의 모든 내용을 저장하는 함수, 파일 저장이 성공하면 1을 그렇지 않으면 0을 반환

```
이름을 입력하세요(입력 종료 enter) : benny
전화번호를 입력하세요 : 010-111-1111
이름을 입력하세요(입력 종료 enter) : daniel
전화번호를 입력하세요 : 010-222-2222
이름을 입력하세요(입력 종료 enter) : joon
전화번호를 입력하세요 : 010-333-3333
이름을 입력하세요(입력 종료 enter) :

list sequence = benny(010-111-1111) -> daniel(010-222-2222) -> joon(010-333-3333) -> NULL

이름을 입력하시면 전화번호를 드립니다(입력 종료 enter) : daniel
찾으시는 전화번호 = 010-222-2222

이름을 입력하시면 전화번호를 드립니다(입력 종료 enter) : raina
찾으시는 전화번호 = 존재하지 않습니다.

이름을 입력하시면 전화번호를 드립니다(입력 종료 enter) : joon
찾으시는 전화번호 = 010-333-3333

이름을 입력하시면 전화번호를 드립니다(입력 종료 enter) :

리스트 전체 내용을 저장할 파일이름을 입력하세요 : tel.txt
tel.txt 파일을 열어보세요.

free sequence = benny(010-111-1111) -> daniel(010-222-2222) -> joon(010-333-3333) -> NULL
```

```
tel - Windows 메모장
파일(F) 편집(E) 서식(O) 보기(V)
benny 010-111-1111
daniel 010-222-2222
jhon 010-333-3333
```

부록 A

라이브러리 함수

부록 A 라이브러리 함수

A.1 헤더 파일

헤더 파일은 라이브러리 함수들의 기능에 따른 원형을 정의해둔 파일입니다. 다음은 일반적으로 많이 사용되는 헤더 파일의 종류와 기능입니다.

헤더 파일	기 능
alloc.h	메모리 관리에 관련된 함수 정의
bios.h	ROM-BIOS 루틴 호출에 관련된 함수 정의
conio.h	DOS 콘솔 입출력 루틴에 관련된 함수 정의
ctype.h	문자 분류 및 문자변환 매크로에 관련된 함수 정의
dir.h	디렉토리 관리에 관한 함수 정의
dos.h	DOS 시스템 기능 호출에 관련된 함수 정의
io.h	저수준 입출력 루틴을 위한 함수 정의
math.h	수학에 관련된 함수 정의
mem.h	메모리 조작에 관련된 함수 정의
stdio.h	표준 입출력에 관련된 함수 정의
stdlib.h	변환, 탐색, 루틴에 관련된 함수 정의
string.h	문자열에 관련된 함수 정의
time.h	시간에 관련된 함수 정의
sys₩stat.h	파일을 열고 만드는데 사용하는 심벌(symbol) 상수 정의

A.2 stdio.h 라이브러리 함수

함 수	설 명
clearerr(fp);	형식: void clearerr(FILE *fp); 기능: 파일 오류를 없애거나 파일상에서 EOF를 지시한다. 리턴: 없음.
fclose(fp);	형식: int fclose(FILE *fp); 기능: 파일 포인터에 의해 지정된 파일을 닫는다. 리턴: 성공하면 0, 오류가 발생하면 EOF.
feof (fp);	형식: int feof (FILE *fp); 기능: 파일 포인터에서 파일의 끝 인가를 검사한다. 리턴: EOF인 경우 0.
ferror(fp);	형식: int ferror(FILE *fp); 기능: 파일을 읽거나 쓸 경우 오류 상태를 탐지한다. 리턴: 오류가 있는 경우 0.
fflush(fp);	형식: int fflush(FILE *fp); 기능: 파일 포인터로 지정된 파일에서 모든 자료를 지운다. 리턴: 성공하면 0.
fgetc(fp);	형식: int fgetc(FILE *fptr); 기능: 파일에서 한 문자를 읽는다. 리턴: 읽혀진 문자, 오류에 대해서는 EOF.
fgets(str,n,fp);	형식: char *fgets(char *str, int n, FILE *fp); 기능: fp에 의해 지시된 파일로부터 n 개의 문자열을 읽어 str에 저장한다. 리턴: 문자열 str, 오류일 경우 NULL 또는 EOF.
fopen(f, m);	형식: FILE *fopen(char *fname, char *mode); 기능: mode에 의해 주어진 속성으로 fname의 파일을 연다. 리턴: 성공하면 a의 파일 포인터, 그렇지 않으면 NULL.
fprintf(fp, fmt, arg1...);	형식: intint fprintf(FILE *fp, char *fmt, arg1...); 기능: 파일에 형식화된 자료를 기록한다. 리턴: 출력된 바이트의 수, 오류가 있는 EOF.
fputc(ch, fp);	형식: int fputc(int ch, FILE *fp); 기능: 파일에 문자 ch를 기록한다. 리턴: 쓰여진 문자, 오류일 경우 EOF.

함 수	설 명
fread(b,s,n,fp);	형식: int fread (void *buff, size_t size, size_t n, FILE *fp); 기능: 파일로부터 자료를 읽는다. 리턴: 성공적으로 탐색 되면 필드의 수, EOF 경우 복귀는 EOF.
scanf(fp,f,&args);	형식: int fscanf(FILE *fp, char *format, &arg1..); 기능: format에 의해 지정된 형식으로 파일로부터 데이터 읽는다. 리턴: 성공시 필드의 수, EOF시 읽을 경우 EOF.
fseek(fp,o,w);	형식: int fseek (FILE *fp, long offset, int wh); 기능: 포인터 fp는 wh에 의해 지정된 위치와 떨어진 offset에 의해 지정된다. 리턴: 성공시 0, 오류시 0이 아닌 값.
fwrite (b,s,n, f);	형식: int fwrite(void *buff, size_t size, size_t n, FILE *fp); 기능: 파일에 자료를 저장한다. 리턴: 기록된 항목의 수. 오류가 있을 경우 지정된 수보다 적다.
getc (fp)	형식: int getc (FILE *fp) 기능: 파일로부터 문자 ch를 읽는다. 리턴: 읽혀진 문자 또는 오류가 있는 경우 EOF.
getchar();	형식: int getchar(void); 기능: 표준 입력 장치(보통 키보드)로부터 문자를 읽는다. 리턴: 읽혀진 문자 또는 오류가 있는 경우 EOF.

A.3 string.h 라이브러리 함수

함 수	설 명
strcmp(s1,s2);	형식: int strcmp(char *s1, char *s2); 기능: 두 개의 문자열 s1과 s2를 비교한다. 리턴: 문자열 같으면 0, 문자열의 수가 크고 작음에 따라 음수, 양수값.
strlen(str);	형식: int strlen(char *str); 기능: str에 있는 문자의 수를 계산한다. 리턴: str에 있는 문자의 수.
strcat(s1,s2);	형식: char *strcat(char *str1, char *str2); 기능: str2를 str1에 추가. 결과 문자열 str1은 str1과 str2를 포함한다. 리턴: 문자열 결과에 대한 포인터.

함 수	설 명
strlwr(str1);	형식: char *strlwr(char *str1); 기능: 문자열에 있는 대문자를 소문자로 변환한다. 리턴: 문자열 결과에 대한 포인터.
strupr(str1);	형식: char *strupr(char *str1); 기능: 문자열 내에 있는 소문자를 대문자로 변환한다. 리턴: 문자열 결과에 대한 포인터.
strcpy(s1,s2);	형식: char *strcpy(char *str1, char *str2); 기능: str2를 str1으로 복사한다. 리턴: 문자열 결과에 대한 포인터.
strncpy(s1,s2, n);	형식: char *strncpy(char *str1, char *str2, size_t len); 기능: lenro의 문자들을 str2로 부터 str1로 복사한다. 리턴: 문자열 결과에 대한 포인터.
sprintf(s,f,a);	형식: int sprintf(char *str, char *format_str, arg1....); 기능: printf()와 유사하지만 출력은 문자열 str로 간다. 리턴: 출력된 문자의 수.
sscanf(s,f,a);	형식: int sscanf(char* str, char *format_str, arg1...); 기능: scanf()와 유사하지만 입력은 문자열 str로부터 온다. 리턴: 성공적으로 탐색된 필드의 수.

A.4 stdlib.h 라이브러리 함수

함 수	설 명
atof(str);	형식: double atof(char *str); 기능: 문자열 str을 부동점 수로 변환한다. 리턴: 변환된 부동점값. 변환되지 않으면 복귀값은 0.
atoi(str)	형식: int atoi(char *str) 기능: 문자열 str을 정수로 변환한다. 리턴: 변환된 정수값. 만약 값이 변환되지 않으면 복귀값이 0.
atol(str)	형식: long atol(char *str) 기능; 문자열 str을 long 정수형으로 변환한다. 리턴: 변환된 정수값 만약 값이 변환되지 않으면 복귀값은 0.

함 수	설 명
itoa(v,s,rad);	형식: char *itoa(int val, char *str, int radix); 기능: val을 문자열 str로 변환한다. 사용된 수의 기본은 radix에서 정의한다. 리턴: str에서 대한 포인터.
exit(s);	형식: void exit(int s); 기능: 프로그램을 종료한다. 리턴: 없음.
free(blk);	형식: void free(void *block) 기능: block에 할당된 메모리를 해제한다. 리턴: 없음.
malloc(size);	형식: void *malloc(size_t size); 기능: size 바이트로 메모리 영역을 할당한다. 리턴: 성공 시 메모리영역의 포인터, 그렇지 않으면 NULL.
system(cmd);	형식: int system(char *cmd); 기능: cmd에 의해 주어진 시스템 명령을 수행한다. 리턴: 성공하면 0, 그렇지 않으면 -1.

A.5 ctype.h 라이브러리 함수

함 수	설 명
_tolower(ch);	형식: int _tolower(int ch); 기능: 문자 ch를 소문자로 변환한다. 리턴: 변환된 값(소문자). ch는 호출된 경우 대문자이어야 한다.
tolower(ch);	형식: int tolower(int ch); 기능; 문자 ch를 소문자로 변환한다. 리턴: 변환된 값(소문자). 리턴값은 ch가 대문자아니면 ch가 된다.
_toupper(ch);	형식: int _toupper(int ch); 기능: 문자 ch를 대문자로 변환한다. 리턴: 변환된 값(대문자). ch는 호출된 경우 소문자이어야 한다.
toupper(ch);	형식: int toupper(int ch); 기능: 문자 ch를 대문자로 변환한다. 리턴: 변환된 값(대문자). 리턴값은 ch가 소문자가 아니면 ch가 된다.

A.6 math.h 라이브러리 함수

함 수	설 명
abs(val);	형식: int abs(int val); 기능: val의 절대값을 계산. 리턴: 절대값.
acos(val)	형식: double acos(double val) 기능: val의 역 cosine을 계산. 리턴: 역 cosine 값.
asin(eval)	형식: double asin(double val) 기능: val의 역 sin값을 계산. 리턴: 역 sine 값.
atan(val)	형식: double atan(double val) 기능: val의 역 tangent를 결정. 리턴: 반경에서의 역 tanget 값.
atan2(vall, val2);	형식: double atan2(double vall, double val2); 기능: vall/val2의 역 tangent를 결정. 리턴: 직경에서 역 tangent 값.
ceil(val)	형식: double ceil(double val) 기능: 소수점이하 반올림. 리턴: double에 변환된 가장 가까운 정수값.
cos(val)	형식: double cos (double val) 기능: val의 cosine을 계산. 리턴: cosine 값.
cosh(eval)	형식: double cosh(double val) 기능: val의 쌍곡선 cosine을 결정. 리턴: 쌍곡선 cosine 값.
exp(val);	형식: double exp(double val); 기능: val의 멱에 대한 지수 e를 결정. 리턴: 지수 멱.
fabs(val);	형식: double fabs(double val); 기능: val의 절대값을 결정. 리턴: double로서 복귀된 절대값.

함 수	설 명
floor(val);	형식: double floor(double val); 기능: 소수점 이하를 버림. 리턴: 변환된 가장 가까운 정수값.
fmod(val1,val2);	형식: double fmod(double val1,double val2); 기능: val1을 val2로 나눈 나머지 계산. 리턴: 나머지 값.
log(val);	형식: double log(double val); 기능: val의 자연 대수를 계산. 리턴: 자연대수값 .
log10(val)	형식: double log10(double val) 기능: val의 log10을 계산. 리턴: 10의 로그값.
pow(val1,val2);	형식: double pow(double val1,double val2); 기능: val2의 멱에 대한 val1을 결정. 리턴: 증가된 멱 .
rand();	형식: int rand(void); 기능: 난수발생 (0-32767 범위). 리턴: 생성된 난수값.
sine(val)	형식: double sine(double val) 기능: val의 sine을 계산. 리턴: sine 값.
sinh(val);	형식: double sinh(double val); 기능: val의 hyperbolic sine 결정. 리턴: hyperbolic.
sqrt(val);	형식: double sqrt(double val); 기능: val의 평방근을 결정. 리턴: 평방근.
srand(seed);	형식: void srand(unsigned int seed); 기능: seed를 사용한 난수 발생(0-32767 범위). 리턴: 난수값.
tan(val);	형식: double tan(double val); 기능: tangent 값 계산. 리턴: tangent 값.
tanh(val);	형식: tanh(double val); 기능: val의 쌍곡선 tangent를 결정. 리턴: 쌍곡선 tangent 값.

A.7 time.h 라이브러리 함수

함 수	설 명
asctime(ttt);	형식: char *asctime(struct tm *ttt); 기능: 날짜와 시간을 문자열로 변환. 리턴: 문자열에 대한 포인터.
ctime(ttt);	형식: char *ctime(time_t *ttt); 기능: 날짜와 시간을 문자열로 변환. 리턴: 문자열 포인터.
difftime(t2, t1);	형식: double difftime(time_t time2, time_t time1); 기능: time2와 time1간의 시간 차이를 계산. 리턴: 시간의 차.
gmtime(ttt);	형식: structtm *gmtime(time_t *ttt); 기능: 시간을 그리니치평균시간으로 변환. 리턴: tm 구조에 대한 포인터.
localtime(ttt);	형식: int localtime(time_t *ttt); 기능: 시간을 지역시간으로 변환. 리턴: tm구조에 대한 포인터.
time(ttt);	형식: time_t time(time *ttt); 기능: 날짜의 시간을 계산. 리턴: 경과된 시간.

부록 B

아스키(ASCII) 코드

부록 B

아스키(ASCII) 코드

십진법	십육진법	이진법	약자	설명	한국어 설명
0	0	000 0000	NUL	Null Character	NULL
1	1	000 0001	SOH	Start of Header	헤더 시작
2	2	000 0010	STX	Start of Text	본문 시작, 헤더 종료
3	3	000 0011	ETX	End of Text	본문 종료
4	4	000 0100	EOT	End of Transmission	전송 종료, 데이터 링크 초기화
5	5	000 0101	ENQ	Enquiry	응답 요구
6	6	000 0110	ACK	Acknowledgment	긍정응답
7	7	000 0111	BEL	Bell	경고음
8	8	000 1000	BS	Backspace	백스페이스
9	9	000 1001	HT	Horizontal Tab	수평 탭
10	0A	000 1010	LF	Line feed	개행
11	0B	000 1011	VT	Vertical Tab	수직 탭
12	0C	000 1100	FF	Form feed	다음 페이지
13	0D	000 1101	CR	Carriage return	복귀
14	0E	000 1110	SO	Shift Out	확장문자 시작
15	0F	000 1111	SI	Shift In	확장문자 종료
16	10	001 0000	DLE	Data Link Escape	전송 제어 확장
17	11	001 0001	DC1	Device Control 1	장치 제어 1
18	12	001 0010	DC2	Device Control 2	장치 제어 2
19	13	001 0011	DC3	Device Control 3	장치 제어 3
20	14	001 0100	DC4	Device Control 4	장치 제어 4
21	15	001 0101	NAK	Negative Ack	부정응답
22	16	001 0110	SYN	Synchronous idle	동기
23	17	001 0111	ETB	End of Transmission Block	전송블록 종료
24	18	001 1000	CAN	Cancel	무시

십진법	십육진법	이진법	약자	설명	한국어 설명
25	19	001 1001	EM	End of Medium	매체 종료
26	1A	001 1010	SUB	Substitute	치환
27	1B	001 1011	ESC	Escape	제어기능 추가
28	1C	001 1100	FS	File Separator	파일경계 할당
29	1D	001 1101	GS	Group Separator	레코드 그룹경계 할당
30	1E	001 1110	RS	Record Separator	레코드 경계 할당
31	1F	001 1111	US	Unit Separator	장치 경계 할당
32	20	010 0000	SP		
33	21	010 0001	!	0	
34	22	010 0010	"	1	
35	23	010 0011	#	2	
36	24	010 0100	$	3	
37	25	010 0101	%	4	
38	26	010 0110	&	5	
39	27	010 0111	'	6	
40	28	010 1000	(	7	
41	29	010 1001	)	8	
42	2A	010 1010	*	9	
43	2B	010 1011	+	10	
44	2C	010 1100	,	11	
45	2D	010 1101	-	12	
46	2E	010 1110	.	13	
47	2F	010 1111	/	14	
48	30	011 0000	0	15	
49	31	011 0001	1	16	
50	32	011 0010	2	17	
51	33	011 0011	3	18	
52	34	011 0100	4	19	
53	35	011 0101	5	20	

십진법	십육진법	이진법	약자	설명	한국어 설명
54	36	011 0110	6	21	
55	37	011 0111	7	22	
56	38	011 1000	8	23	
57	39	011 1001	9	24	
58	3A	011 1010	:	25	
59	3B	011 1011	;	26	
60	3C	011 1100	〈	27	
61	3D	011 1101	=	28	
62	3E	011 1110	〉	29	
63	3F	011 1111	?	30	
64	40	100 0000	@	31	
65	41	100 0001	A	32	
66	42	100 0010	B	33	
67	43	100 0011	C	34	
68	44	100 0100	D	35	
69	45	100 0101	E	36	
70	46	100 0110	F	37	
71	47	100 0111	G	38	
72	48	100 1000	H	39	
73	49	100 1001	I	40	
74	4A	100 1010	J	41	
75	4B	100 1011	K	42	
76	4C	100 1100	L	43	
77	4D	100 1101	M	44	
78	4E	100 1110	N	45	
79	4F	100 1111	O	46	
80	50	101 0000	P	47	
81	51	101 0001	Q	48	
82	52	101 0010	R	49	

십진법	십육진법	이진법	약자	설명	한국어 설명
83	53	101 0011	S	50	
84	54	101 0100	T	51	
85	55	101 0101	U	52	
86	56	101 0110	V	53	
87	57	101 0111	W	54	
88	58	101 1000	X	55	
89	59	101 1001	Y	56	
90	5A	101 1010	Z	57	
91	5B	101 1011	[	58	
92	5C	101 1100	₩	59	
93	5D	101 1101	]	60	
94	5E	101 1110	^	61	
95	5F	101 1111	_	62	
96	60	110 0000		63	
97	61	110 0001	a	64	
98	62	110 0010	b	65	
99	63	110 0011	c	66	
100	64	110 0100	d	67	
101	65	110 0101	e	68	
102	66	110 0110	f	69	
103	67	110 0111	g	70	
104	68	110 1000	h	71	
105	69	110 1001	i	72	
106	6A	110 1010	j	73	
107	6B	110 1011	k	74	
108	6C	110 1100	l	75	
109	6D	110 1101	m	76	
110	6E	110 1110	n	77	
111	6F	110 1111	o	78	

십진법	십육진법	이진법	약자	설명	한국어 설명
112	70	111 0000	p	79	
113	71	111 0001	q	80	
114	72	111 0010	r	81	
115	73	111 0011	s	82	
116	74	111 0100	t	83	
117	75	111 0101	u	84	
118	76	111 0110	v		
119	77	111 0111	w		
120	78	111 1000	x		
121	79	111 1001	y		
122	7A	111 1010	z		
123	7B	111 1011	{		
124	7C	111 1100	|		
125	7D	111 1101	}		
126	7E	111 1110	~		
127	7F	111 1111	DEL	Delete	삭제